E. PEYRE-COURANT

AVOCAT A LA COUR DE PARIS

ARMÉE DU SALUT

A PARIS

> « Je suis venu apporter
> le feu sur la terre. »
>
> (J.-C.)

PARIS

LIBRAIRIE FISCHBACHER

Société anonyme

33, RUE DE SEINE, 33

1889

L'ARMÉE DU SALUT

A PARIS

E. PEYRE-COURANT

AVOCAT A LA COUR DE PARIS

L'ARMÉE DU SALUT

A PARIS

> « Je suis venu apporter
> le feu sur la terre. »
>
> (J.-CHRIST).

PARIS

LIBRAIRIE FISCHBACHER

Société anonyme

33, RUE DE SEINE, 33

1889

PRÉFACE

Ordinairement les écrivains réunissent et publient en volume leurs articles parce qu'ils ont déjà paru.

Si je publie à part ceux-ci c'est parce qu'ils ont été refusés. Je dis : refusés de parti-pris, sans examen, ce qui m'a préservé peut-être d'un échec. Ce n'est pas échouer que de ne pas concourir. Consolante pensée.

Le refus du CHRISTIANISME AU XIXe SIÈCLE (mon journal remarquez-le bien : autre motif de consolation) ne s'adresse pas à l'homme. (Le directeur est mon ami). Il ne s'adresse pas à la plume. Il s'adresse au sujet.

L'Armée du Salut effarouche les moins timides. Elle excite des alarmes, des inquiétudes, des soupçons. Qui oserait la défendre ? Le fait est qu'on n'a encore osé que l'attaquer. Je n'ai pas lu une ligne de ces attaques dans nos journaux religieux. Je me réserve pour plus tard. Le CHRISTIANISME réserve son jugement et ne veut entendre ni l'accusé, ni l'accusateur.

J'avais fait et envoyé les deux premiers articles vers le 1er juillet. Peu à peu j'étudiais mon sujet ; je m'éclairais, je me rendais compte ; et ce n'est pas ma faute si, d'un article à l'autre, mon hésitation se fondait en assentiment de conscience ; ç'a été l'affaire d'un mois.

Je rappelle ici le mot d'un pasteur luthérien de Paris : Si je n'étais resté que 22 minutes à la réunion de l'Armée du Salut, je lui serais hostile ; j'ai patienté 23 minutes, et l'édification que j'ai ressentie m'a retenu jusqu'au bout.

Je prie tous ceux qui ont à formuler des objections de vouloir bien me les envoyer.

Il y a là un grand procès pendant. Rayer l'affaire du rôle serait un déni de justice.

De cela je ne m'en consolerais jamais.

E. PEYRE-COURANT

Paris, 25 juillet 1889.

P. S. — *Prière d'adresser toutes lettres : à M. Labioz, 14, quai de Gesvres.* P. P. C.

L'ARMÉE DU SALUT

A

PARIS

I

PRÉJUGÉS

Il n'y a pas à dire : l'Armée du Salut fait parler d'elle ; de ses prétentions conquérantes, de ses opérations et de ses manœuvres ; de ses soldats et de ses chefs ; de ses batailles, je veux dire de ses réunions pieuses ; de ses champs de bataille, je veux dire de ses lieux de culte dont le nombre s'accroît comme celui des fortins dressés à la hâte pour le blocus d'une ville ; de ses grades hiérarchiques qui font sourire ; de son zèle excessif ou même intempestif, s'il faut en croire beaucoup de gens d'humeur pacifique et de mœurs rangées, qui n'aiment ni les disputes ni les rencontres, ni les veilles prolongées, et qui se lèvent tard parce qu'ils se sont couchés tôt.

Qu'ils se rassurent : je ne suis point *salutiste*. L'Armée ne m'a pas conquis, non plus que le barbarisme. Mais comme l'Armée du Salut occupe l'opinion j'ai voulu me faire un jugement impartial d'après les faits, les personnes et les circonstances.

J'ai regardé, écouté, interrogé.

Il m'a paru d'abord que pour oser venir à Paris se lancer ainsi à corps perdu dans la mêlée, l'Evangile à la main, il fallait être inspiré ou téméraire, apôtre ou fou. Evidemment le ridicule ne déconcerte pas nos missionnaires ambulants ; c'est un souffle qui peut renverser des édifices, mais qui fait flotter leurs drapeaux. On a beaucoup ri d'abord. On rit moins. Des écrivains ont fait à cet égard leur mea culpa.

Ne rien demander aux puissances du jour ni « aux illustrations scientifiques ou politiques » — ni même aux Eglises constituées ; ne faire la guerre à aucune ; invoquer le nom de celui qui fit de la croix son trône de rédempteur ; prier, exhorter, chanter, solliciter les indifférents ; effrayer les rebelles, évangéliser un temps et hors de temps, telle est la conduite suivie à Paris, par l'Armée du Salut,

J'estime — est ce un tort ? — que la fidélité à un tel programme commande, pour le moins, une attitude de réserve expectante, à quiconque croit que Jésus-Christ n'a pas trop de prédicateurs, que l'athéisme ne peut être combattu et refoulé que par les luttes de l'amour chrétien, et que pour établir la paix sociale sur la terre il faut commencer par mettre les cœurs en paix avec eux-mêmes et avec Dieu.

Or, si j'en juge par ce que je vois, l'Armée du Salut ne demande aux hommes que de devenir les disciples de Jésus-Christ ; et, dans les assemblées, elle offre la parole à tous les chrétiens indistinctement ; dès lors une attitude d'hostilité ou de dédain se concilierait mal avec la justice.

Certes je comprends qu'on *mette en observation*, si l'on veut, ces étrangers qui viennent sous l'égide et sous l'image de la guerre, offrir sans nous les rameaux d'olivier de l'Évangile, et dont l'organisation militaire semble cadrer si mal avec le message chrétien et, dans l'espèce, avec le sexe des messagers. Les femmes sont soldats dans cette armée à côté des hommes. Il y a un maréchalat, dignité suprême exercée par une femme. Il y a un colonel mari de la maréchale, comme le prince Albert était le mari de la reine. Avec l'opinion que j'ai des vertus natives de la femme, leur initiative n'est pas pour me déplaire. (1)

Je comprends que ces formes bizarres déroutent le jugement et l'esprit français ; qu'on trouve un peu bruyante la propagande des amazones évangéliques; qu'on ne leur sache pas un gré suffisant d'avoir mis de côté la grosse caisse qui a tant effrayé, en Suisse, les échos des montagnes; je comprends qu'on trouve à redire à ces costumes enlaidissants, seule parure (mais sauvegarde aussi) de ces colporteurs et prédicateurs du sexe faible qui parcourent les rues en offrant le journal : *En Avant* ; je comprends que tout cet appareil exotique, étrange, insolite, tente le sarcasme et suscite la défiance; et que des hommes sérieux craignent de voir les nouveautés de l'Armée du Salut compromettre le protestantisme dans l'esprit de ceux qui ne voient dans l'originalité que folie, dans la religion qu'une chose quasi-officielle.

Mais après ces concessions, quand je viens à réfléchir que ces jeunes filles, d'abord la risée de tous, ont peu à peu désarmé la raillerie à force de respect d'elles-mêmes; qu'elles ont

(1) Il y a un major, Jeanmonod. Il a de l'avenir, mais il doit renoncer à l'espoir de trouver dans sa giberne le bâton de maréchale.

fini par trouver des défenseurs d'office dans les lieux écartés, dans les cabarets, elles, qu'on envoie deux à deux, à la garde de Dieu, comme des brebis au milieu des loups ; quand je les vois payer de leurs personnes, se risquer dans les taudis de Belleville et de Montmartre, monter des marches sales et usées, pousser au hasard quelque porte sans serrure, s'approcher en consolatrices de quelque malheureuse abandonnée en qui la souffrance a tout ravagé, lui parler en filles ou en sœurs, la servir en servantes, balayer sa chambre, allumer son feu, lui porter le secours et l'espoir, puis finir la journée dans ces réunions publiques de trois heures, où elles s'épuisent à faire entendre des chants, des prières et des exhortations, je me demande si le ministère libre de ces missionnaires *forains*, ne réclame de nous que réserve et neutralité.

Je n'irai pas plus loin. Mais toute question d'Église à part, cette œuvre est protestante, que nous le voulions ou non, puisque c'est une œuvre chrétienne libre ; et ces appels à l'individu, cette insistance, cette obsession même sont protestantes, s'il est vrai que le protestantisme ait rétabli l'individu dans tous ses droits d'examen et de conscience et mis en présence l'âme et l'Evangile.

N. B. — Je dois à la vérité de dire que nos mission-

naires ne veulent être ni protestants ni catholiques ; ils
n'ont d'ancêtre avoué que l'Évangile. Je rappelle ici que
le protestantisme n'est en un sens qu'un fait histori-
que, quelque chose comme la main déchirant le voile qui
recouvrait la parole de Dieu ; il n'est pas une religion,
encore moins un évangile.

II

Elles s'ouvrent à 8 h. 1/2 du soir et peuvent se prolonger jusqu'à 11 heures.

Si quelque passant pénètre dans la réunion vers 10 h. 1/2, ce qu'il voit est bien propre à lui faire ouvrir de grands yeux. Debout sur une estrade, souriant et claquant parfois des mains en mesure, des jeunes filles, sous le plus disgracieux costume, la tête enfoncée dans un chapeau sans modèle ; de jeunes hommes revêtus de vestes bleues ou rouges sur le collet desquelles sont brodées les deux lettres : A. S., chantent des cantiques sur un mode vif et joyeux, et c'est un bruit, une allégresse, un entrain qui jurent avec l'idée qu'on se fait des cérémonies du culte et même de toute cérémonie. La dissonance est plus aigre encore si l'étranger est un protestant, un de ces huguenots de race, un peu empesés dans leur maintien, ou encore un de ces esprits moroses qui ne veulent voir dans la religion que le cilice des jours de grand deuil.

Je le vois quitter précipitamment la salle pour s'enfuir en gémissant, s'il ne sourit pas du sourire d'un homme scandalisé.

S'il eût pris sur lui d'attendre la fin, je lui aurais donné les explications que je donne à mes lecteurs. La séance se divise en deux parties : d'abord on s'adresse à tous ; ensuite on fait un appel direct à ceux qui voudraient se consacrer à Dieu ; au préalable on invite à se retirer les gens venus dans un esprit d'indifférence ou de raillerie et ceux qui ne doivent ni se *consacrer* ni assister à la consécration des autres.

Au lieu de parler des séances en général, décrivons une séance déterminée, par exemple celle du dimanche 23 juin, 3, rue Auber, dans une belle salle louée 40 fr. par jour. Ce sont d'abord des chants avec accompagnement de piano, de harpes et de piston, une musique qui se fait *suivre* par la foule comme la musique militaire : n'oublions pas que nous sommes une armée. La maréchale qui préside est une jeune femme de moins de 30 ans, dont les regards très expressifs et la voix pénétrante ne contribuent pas peu à l'effet de ses paroles douces ou sévères. A certains moments elle parle du péché avec les yeux d'un ange irrité. Très simplement et très naturellement elle est à la barre qui sert de tribune et lit le verset du cantique, et je songe en la voyant que c'est peut-être là la seule femme gracieuse qui, ce soir dans Paris, se lève devant un public dans un but sacré. Elle commente le verset de cantique dont chaque strophe devient ainsi le texte d'une méditation, d'une réflexion, d'un appel direct aux pécheurs. Mais rien de long ; elle fait un signe et l'on chante ; elle a lu d'un air joyeux, presque souriant ; le refrain plusieurs fois répété entraine toutes les voix, et la salle entière ne forme plus qu'un immense chœur.

Puis on prie : tantôt l'un, tantôt l'autre des soldats et officiers de l'Armée du Salut. Le chant suivra, et ainsi de suite ; les chants naissent des prières ; les prières des chants.

Tous ces exercies sont entremêlés de *témoignages*. *Dites ce que Dieu a fait pour vous, vous une telle;* une jeune fille s'avance : je bénirai Dieu ce soir de ce que je suis heureuse ; je m'abandonnais au péché, mais Dieu m'a sauvée ; j'ai sacrifié tout ce qui était à moi, et aujourd'hui rien ne peut exprimer ma joie. J'ai trouvé la félicité, etc.

Et tous disent la même chose avec des variantes; l'un d'eux a dit : Quand je sortais des lieux de plaisir, du théâtre par exemple, il me semblait que le bonheur restait dans l'endroit que je quittais.

On chante encore : les élus crieront : « Sauvé pendant toute l'éternité. » « L'abîme répondra : trop tard ».

On annonce des séances exceptionnelles: Outre les réunions du soir, rue Auber; 163, rue de Belleville ; 187, quai Valmy, il y aura un grand *congrès* d'officiers de toutes les nations sous la présidence du général Booth, père de la maréchale? On annonce même des conseils de guerre ! !

Cependant il y a toujours une méditation principale, c'est la maréchale qui la prononcera ce soir ; non sans avoir annoncé la collecte ordinaire en disant : « On ne rougit pas de demander de l'argent pour le monde ; et je rougirais d'en demander pour l'œuvre de Dieu, pour travailler parmi les pauvres! » Puis elle parle sur l'*Espoir de la France*. *Sommaire* : J'aime la France pour la voir grande, c'est-à-dire puissante pour le bien. Un monsieur disait : instruisez le peuple ; civilisez, etc., etc. Ou encore il faut des grands hommes. Mais l'instruction toute seule est une puissance qui s'exerce peut-être pour le mal. Voyez la Presse ; on imprime 10,000 exemplaires à l'heure, mais peut-être d'un mauvais livre ! Qui osera dire qu'il y a moins de vices et de misères à Paris depuis qu'on répand l'instruction? Où donc est l'espoir de la France. Dans les grands hommes? Hélas combien de fois nous avons surpris en eux le mobile intéressé ! L'espoir de la France est en Jésus-Christ ; un jour, dans une synagogue, il lut dans les livres sacrés : « L'esprit de Dieu est sur moi, et il m'a envoyé pour évangéliser, pour affranchir les opprimés, etc. ». On nous dit : voyez les œuvres de bienfaisance, les hôpitaux, mais ce sont des effets, la cause seule peut transformer le cœur : Jésus-Christ, incarnation de l'amour désintéressé, etc., etc. Il s'est donné pour les autres, il faut que la France voie des christs en chair et en os, et la France croira. »

On chante, — plusieurs membres de l'Armée du Salut rendent encore témoignage. On prie, puis on chante à genoux, on chante la prière.

La maréchale est infatigable. Elle adjure, supplie, menace, promet au nom de Jésus-Christ. Une femme s'avance et s'agenouille : c'est une conversion ; la maréchale, à genoux auprès d'elle, lui parle à l'oreille ; elle prie avec elle. — Vers 10 heures, on annonce une réunion exclusivement *de témoignages*. De nouveau et tour à tour les soldats des deux sexes viennent confesser leur foi et leur joie. La joie est un devoir : « Ayez des figures plus joyeuses », dit le major Jeanmonod. Et les chants, et les témoignages, et les exhortations, et les prières s'entremêlent et se multiplient sans fin.

Cependant deux hommes se sont agenouillés.

L'un d'eux s'étant consacré (toujours assisté de la maréchale qui paraît posséder un réel pouvoir de persuasion, pouvoir magnético-évangélique, disait quelqu'un qui le regrette), monte sur l'estrade ; il est de bonne mine et parle franchement : « Elevé catholique, je me livrais à des plaisirs ni protestants ni catholiques ; depuis huit jours j'attends avec impatience l'heure des réunions. Aujourd'hui, je romps avec ma vie passée et je veux faire cause commune avec mes bons amis de l'Armée du Salut. » — Tour à tour un Russe et un Anglais, arrachés au monde par le moyen de l'Armée, s'adressent à l'assemblée par l'intermédiaire d'interprètes. Prières, chant, chœur. Par ordre de la maréchale tout le monde sur le pont ! Allégresse ; on chante en souriant, et les battements de mains cadencés marquent la mesure ; c'est à ce moment que j'avais supposé l'entrée d'un étranger dans la salle ! Le spectacle est étrange. A la fin, le culte finit contre toute attente. On a prononcé 8 ou 10 exhortations ; prié 18 ou 20 fois ; témoigné 10 ou 12 fois, et chanté 20 ou 30 fois. La maréchale me répondra que l'amour ne compte pas.

P.-S. — Je dois avoir une entrevue avec la maréchale.

J'ai tenu à rédiger au préalable mes deux premiers articles.

N. B. — Dans ma pensée, cette entrevue devait fournir le troisième et dernier article. J'ai repris le sujet sous une autre forme ; de là des répétitions et des négligences imputables au défaut de plan et à la rapidité du travail : Le *titre* même est devenu un peu étroit.

III

CONVERSATION AVEC LA MARÉCHALE ET LE COLONEL BOOTH-CLIBBORN (1)

Moi. — Voici 15 jours que, pour la première fois, j'ai assisté à l'une de vos réunions. Je viens à vous en toute franchise pour m'éclairer. La forme de votre organisation et certaines particularités de votre culte m'étonnent, pour ne rien dire de plus. Je l'avoue, ces bizarreries me semblent recéler un sens à la façon des énigmes dont un mot donne la clef. Quel est ce mystère? Quel rapport y a-t-il entre le but, l'esprit de l'œuvre et votre mode d'action? Quels sont vos desseins vis-à-vis des églises réformées soit concordataires, soit indépendantes? Il y a, contre vous, des préventions, des préjugés... ne faites-vous pas une œuvre désorganisatrice

(1) Il va sans dire qu'ayant écrit cette conversation après 24 heures, je n'en puis garantir la forme dans tous les détails. Elle est exacte pour le fond et pour l'esprit.

en détournant les membres des communautés chrétiennes constituées ? Ce serait ouvrir un abîme entre vous et nous.

Le Colonel Clibborn. — Votre visite nous réjouit. Merci de votre louable curiosité. Nous sommes heureux de faire la lumière autour de nos actions, mais le temps nous manque pour répondre à toutes les attaques, et l'activité qui nous impose le silence est encore notre meilleure réponse. Je puis d'un mot vous rassurer sur nos dispositions vis-à-vis des églises ; nous ne sommes point en guerre avec elles, témoin plusieurs jeunes gens actuellement étudiants en théologie convertis par notre moyen. Nous connaissons bien le lieu d'origine de nos recrues, et nous savons que pas une seule n'a été enlevée aux autres œuvres d'évangélisation. A Paris, la grande majorité de nos soldats étaient des catholiques ou des incrédules.

Moi. — Pour mon compte, je ne vous ai pas encore entendu accuser de parasitisme par les membres des églises de Paris ; que pouvez-vous m'apprendre sur l'origine de l'Armée du Salut ?

La Maréchale. — L'œuvre est née il y a vingt-cinq ans. Et aujourd'hui les pauvres de la France et de la Suisse (les riches donnent bien moins en comparaison) alimentent sou à sou notre budget toujours en retard, le moindre excédent étant immédiatement employé en frais de marche en avant.

Moi. — Votre marche est donc rapide.

La Maréchale. — Des progrès quotidiens nous encouragent à travailler sans relâche; à Lyon, l'œuvre est en voie de succès. Je me rappelle que nous avions ouvert une salle de culte; en face on avait ouvert un bal où dansait tout ce qu'il y avait de plus corrompu, des femmes à demi nues : un lieu d'orgies enfin. Dans ce quartier nos chants retentissaient. Nous avons combattu : dans une filature qui occupe 12 fileuses, toutes sont venues à Jésus-Christ, les unes après les autres. Un ouvrier priait ainsi dans sa chambre : « Mon Dieu, s'il y a une vérité, fais la moi connaître! Deux jours après il rencontrait l'Armée du Salut. Le journal *En Avant* se répand de plus en plus parmi cette classe de la population qu'on appelle la dernière parce qu'elle est la plus malheureuse.

Moi. — Je voudrais bien connaître l'origine de l'Armée du Salut.

Le Colonel Clibborn. — Le Général était frappé de voir un gouffre entre les églises et les masses, il était ministre Wesleyen. Il quitta tout pour atteindre ceux qui ne se soucient guère de venir et qu'on ne peut guère atteindre sans plonger pour ainsi dire dans les eaux où ils se noient. Son mot d'ordre était : Descendez plus bas, allez inviter les pires.

La Maréchale. — Et nous l'avons fait. Il y a sept ans, j'étais encore bien jeune fille, je vins à Paris pour commencer notre œuvre. J'ouvris une salle, 82, rue d'Angoulème, à la Villette, dans un vrai coupe-gorge, à ce que nous disait un gardien de la paix. C'étaient chaque soir, gros mots, tumultes, blasphèmes ; je versai bien des larmes pendant six mois ; un soir un homme à l'air brutal, la manche retroussée, leva son bras sur moi et me mettant le poing devant la figure : « Vous prierez Jésus en anglais, en allemand, en espagnol, mais pas en français, je vous le défends. » Et la salle croulait sous les applaudissements ; alors moi : « Je vous ai écouté sans rien dire, à votre tour écoutez-moi ; vous êtes-vous adressé à Jésus ? — Jamais ! — Et bien alors comment pouvez-vous le connaître. » Et on applaudissait à tout rompre. Mais le désordre croissant, M. Andrieux, préfet de police, fit fermer la salle. J'allai le trouver : Vous êtes folle, me dit-il, vous ne réussirez jamais !

« Je vous en prie, lui dis-je, donnez-moi, pour un essai de quelques semaines, des gardiens qui maintiennent l'ordre à tout prix. » C'est ce qui fut fait, et aujourd'hui tout perturbateur est généralement mis à la porte par les gens de la réunion. Il y a eu là des transformations merveilleuses ; un blasphémateur est devenu l'ami du Sauveur ; il a une femme folle, il a perdu son fils ; j'aime quand même le Seigneur, dit-il, et j'espère en Lui.

Moi. — On craint de vous voir élever église contre église et autel contre autel.

La Maréchale. — Vous venez de voir le contraire. Maintenant nous allons dans les grandes villes. Si elles renferment de nombreux protestants, il est certain qu'ils se portent à nos réunions comme à Nîmes, où les pasteurs mêmes sont venus quelquefois avec leurs paroissiens. Mais nous ne nous imposons à personne.

Moi. — Pourquoi n'êtes-vous pas une église ? N'est-ce pas une manière d'église ambulante que vous voulez fonder ? Je sens bien que la dénomination d'armée met en saillie l'idée de la guerre faite au péché, mais n'y a-t-il pas autre chose ?

La Maréchale. — Nous ne pouvons pas nous appeler une église, terme qui, selon la notion en crédit de nos jours ou le préjugé commun, implique je ne sais quoi de stationnaire.

Notre essence est d'être toujours en mouvement comme une armée, de camper, de livrer bataille, d'aller de progrès en progrès. Nous allons contre vents et marées, et nous sommes venus nous jeter tout au travers de ce qui existait, missionnaires non de tel pouvoir ecclésiastique, mais de Jésus-Christ. Nous le sentons vivre en nous. Nous sommes morts au monde, nous vivons en Lui, nous n'avons rien plus à cœur que d'amener des pécheurs à ses pieds. Nous tentons d'atteindre la foule par tous les moyens : ce n'est pas toujours facile. Que de fois j'en ai fait l'expérience ! Un soir, par exemple, je vendais des journaux devant l'Opéra.

Un monsieur m'adresse la parole : « Je vais au théâtre. Madame, je vais voir les jolies danseuses, etc. — Ah ! Monsieur, lui dis-je, vous ne les aurez pas toujours ; à l'heure de la mort elles ne seront pas là. Vous nous méprisez beaucoup, vous qui faites servir à vos amusements la moitié du genre humain.

Vous allez au théâtre, eh bien ! je vous défie d'y trouver ce soir cinq minutes de plaisir... Il m'écouta, salua et partit. J'ai pitié de ces pauvres femmes, surtout de celles qui sont de vils instruments, quand je songe qu'il y en a, dit-on, 60,000...

Moi. — Dites 120,000 ; j'ai souvent voulu faire un petit traité pour elles.

La maréchale. — Faites-le, c'est bien nécessaire.

Moi. — J'essaierai. Je le vois, vous faites une œuvre d'individualisme chrétien.

Le Colonel. — Oui. La condition et le secret de notre succès sont dans une conviction absolue, dans la confiance pleine et réelle en Dieu ; nous inspirons la foi aux promesses de Celui qui ne peut mentir, le sacrifice absolu de la volonté à la volonté de Dieu.

Là est notre secret. Tout revient là.

Il n'y a ni riches, ni pauvres, ni nobles, ni roturiers, l'égalité est notre principe. Dernièrement, une princesse russe gardait la porte dans une de nos salles, tandis qu'une de nos officières, autrefois servante, présidait la réunion. Naguère, à Nîmes, je suis allé, ayant à ma droite M. Peyron, ancien président du Tribunal; et à ma gauche un homme très pauvre, vendre notre journal dans les cafés, parmi les fumées et les huées. En Angleterre, lord Cairns. assis dans une de nos réunions de 5,000 personnes n'a pris la parole qu'après une pauvre femme qui avait été emprisonnée plus de deux cents fois.

Moi-même, si je voulais me vanter, je suis richement apparenté, j'ai été élevé par un de mes parents, un philanthrope chrétien, le propriétaire du domaine sur lequel s'élève Bessbroock, ville de tempérance qui compte 3,000 habitants sans un mauvais lieu, sans un cabaret, sans un agent de police. J'étais ministre de l'Evangile quand l'Armée du Salut se rencontra sur mon chemin.

Je me dis aussitôt : voilà ce que je cherchais. Un jour, après le culte, au moment où les quakers sortaient de l'église en riches toilettes, et prenaient congé les uns des autres avec cette cérémonie aristocratique, mélange de froideur et de délicatesse, qui distingue ces chrétiens de haut parage, je vis s'avancer dans un accoutrement plus que bizarre un cortège indescriptible, c'était comme un ramassis de tout ce qu'il y avait de plus pauvre ; je compris qu'il y avait un abîme entre moi et l'Armée du Salut, qu'il fallait le franchir. J'estime, et je parle par expérience, que les églises constituées agissent dans un cercle restreint, alors même qu'il paraît large et laissent en dehors les masses profondes ; je compris que franchir cet abîme c'était mourir pour revivre d'une manière toute différente sous le sceau d'une consécration entière à Dieu, à Jésus-Christ. Voilà le christianisme puissant pour changer les cœurs ; mais il faut vouloir.

Moi. — N'est-ce pas l'œuvre de la grâce de Dieu ?

Le Colonel. — Sans doute, mais il faut vouloir, il y a un moment décisif où l'on dit : *Je veux !* en se dépouillant tout entier, à ce moment de consécration suprême, Dieu vient à nous et nous prend tout entiers; il ne nous abandonne plus. Il faut avoir le courage de s'enrôler sous son drapeau.

La Maréchale. — Et le courage de parler sans réticence. Il faut se revêtir d'une sainte audace. l'audace ne manque pas aux hérauts du vice; il y a deux ans, je vendais le journal *En Avant* à la porte d'un grand théâtre. Un homme d'apparence distinguée rôdait autour de moi avec l'air de ne savoir comment s'y prendre pour m'adresser la parole. Enfin : « Evidemment, mademoiselle, vous êtes une femme comme il faut, est-ce ici votre place? je suis théologien aussi, moi, je crois en Dieu, en Jésus-Christ; j'admets le ciel et l'enfer, mais je suis choqué de vos pieuses excentricités, vous me scandalisez. » — « C'est vous, lui dis-je, qui me scandalisez, vous qui vous étonnez de voir une femme appeler à Dieu des âmes humaines, etc., etc. » Il ne me quitta pas sans émotion, et un moment après, il revint vers moi et me remit cinq francs en échange d'un numéro du journal *En Avant.*

Moi. — Nous conversons tout naturellement, c'est-à-dire à bâtons rompus. Pourquoi les membres de l'Armée se croient-ils obligés de confesser à chaque instant le bonheur qu'ils ont d'en faire partie ?

Le Colonel. — Vous vous étonnez que notre joie déborde, que du jour au lendemain, nos camarades viennent vous dire : « Je suis heureux, sauvé ; il n'y a point ici de mystère ; quand on renonce à tout ce que le monde estime, quand on est décidé à rompre avec toute sa vie passée, à l'instant, sans hésitation, sans réserve, quand on se rend prisonnier à Dieu, alors, à l'instant, l'Esprit de Dieu nous revêt d'une armure et d'une vie nouvelle et nous sommes forts. Pour nous, nous ne demandons rien, ni à l'État, ni à l'Église ; nous ne professons ni dogmes, ni théories scientifiques. C'est la vie qui importe.

Vivre, tout est là.

Notre théologie est bien simple.

L'autre jour, ma petite fille âgée de 10 mois voulait prendre avec la main un rayon de soleil, elle n'y parvenait pas, pourtant le soleil la pénétrait de sa chaleur. On ne saisit ni l'air ni l'eau, ni la lumière, mais sans eux on ne peut pas vivre ; tout ce qui est essentiel dans le monde religieux est simple de même. Dans la grâce, comme dans la nature, ce qui est essentiel à la vie est simple, accessible au pauvre, et cela tout de suite ; c'est ce qui nous fait dire que Dieu peut sauver sur-le-champ. C'est une décision radicale à prendre.

Voyez-vous, la vie sainte est la vie la plus économique :

1º Nous n'avons pas deux buts ; l'homme double est partagé.

2º Nous ne portons pas la guerre au-dedans de nous, nous avons la paix intérieure, nous mettons le monde sous les pieds. Quand la guerre civile est éteinte, toutes les forces du pays sont disponibles contre l'ennemi du dehors.

3º Nous n'avons plus rien à risquer, ni rien à perdre ; nous avons tout donné, savoir tout ce que nous sommes et tout ce qui est à nous. Que nous ôtera le monde ? Nous l'avons rejeté.

4º Les faits, c'est-à-dire nos progrès rapides et quotidiens nous encouragent et nous justifient (1). Nous manquons d'hommes, je veux dire d'officiers.

Moi. — Quelle différence faites-vous entre les officiers et les soldats ?

Le Colonel. — Les soldats sont ceux qui, sans quitter leur état, acceptent et observent

(1) Je renvoie le sommaire de ces progrès à l'article *Statistique*, p. 65.

les règlements de conduite et d'évangélisation de l'Armée du Salut et en portent les insignes.

Moi. — Vos écoles militaires sont les écoles de vos missionnaires.

Le Colonel. — Oui, ils y passent un temps plus ou moins long, nous leur faisons des cours ou lectures, nous nous entretenons souvent avec eux, nous prions ensemble; nous les préparons pour la vie avec Dieu, pour la guerre contre le monde.

Moi. — Bon nombre de personnes sont choquées de ce mot d'Armée.

Le Colonel. — Ce mot-là, s'est trouvé le mieux approprié aux faits, et puis nous convertissons les mots avec tout le reste ; ils tirent un sens nouveau des nouvelles choses. L'esprit anime et transforme tout.

Moi. — Il me semble que vous n'avez pas encore répondu à l'une de mes premières questions ; vous m'avez montré les origines de l'œuvre de l'Armée du Salut ; mais comment est née l'Armée elle-même.

Le colonel Clibborn. — Elle s'est développée normalement comme en vertu du principe naturel d'évolution. Où la vie existe, elle trouve et s'approprie une forme. Jésus-Christ a déposé dans l'Évangile un principe de vie. Il n'a point imposé de forme absolue. Il n'a pas emprisonné son esprit. Le christianisme, c'est le Christ.

M. Booth a quitté son Église sans avoir, avec sa femme et quatre enfants, son Évangile dans la main et Jésus-Christ au fond du cœur.

Il a loué une cave où les rats couraient pendant les réunions. C'était la terreur de sa fille, aujourd'hui ma femme.

Il alla dans les quartiers pauvres appeler les plus pauvres habitants. Vous allez voir naître l'Armée qui semble à quelques-uns une création fantastique sortie de toutes pièces d'un cerveau en délire. M. Booth, rêvant une grande œuvre avait d'abord pris le titre de Surintendant général des missions chrétiennes. Était-on chez les matelots : les marins appellent le chef capitaine ; on appelait l'évangéliste « capitaine ». Était-on au milieu des mineurs : le chef de bande s'appelle capitaine ; les mineurs appelaient l'évangéliste : « capitaine ». Tout est venu de là. Les réunions étaient des batailles (spirituelles), il fallait une direction, des chefs ; vous voyez comment s'est constituée l'Armée.

Moi. — Mais les costumes ?

Le Colonel. — Ils ont la signification des choses, ils ont aussi de grands avantages ; ils nous permettent de nous retrouver ; en Australie, on suit une seule abeille pour découvrir l'essaim.

La Maréchale. — Et puis cette uniformité de vêtements évite de grandes dépenses, surtout pour les femmes ; si vous saviez ce que nous économisons par cette simplicité ; il faut voir le chiffre des moindres notes des couturières ; et puis ceux qui veulent consacrer leur vie à travailler au salut du monde n'ont pas à lui emprunter ses ajustements, ni son élégance, ni ses modes.

Moi. — L'obéissance est due aux supérieurs ?

Le Colonel. — Oui, si l'ordre est jugé légitime par la conscience; d'ailleurs tout se passe selon la fraternité et dans l'intimité. Chez nous l'obéissance porte sur des questions de forme, non sur le fond, sur l'âme. Nous sommes liés par la discipline pour une œuvre commune. Les grades sont désignés par les chefs. Au-dessus du grade de capitaine c'est le conseil d'état-major présidé par le général. Au fond, le grade indique, chez nous, un échelon plus élevé de la responsabilité. Mais les officiers de tous grades sont appelés à vaquer à toutes les corvées sans distinction, parce qu'il n'y a rien de bas, ni de vil dans ce qui est pour le service de Dieu. Tous sont égaux devant ses yeux. Il va bien sans dire qu'un militaire nanti d'un grade exerce une direction et des fonctions propres auxquelles il doit vaquer en première ligne.

Moi. — N'est-il pas à craindre que l'Armée du Salut ne prenne le premier plan au détriment de l'Évangile ?

La Maréchale. — On croit que notre programme est de faire des *salutistes* avant de faire des chrétiens. Nous sommes uniquement des ambassadeurs. Nous amenons les hommes à Dieu, à Jésus-Christ. On s'imagine que nous invitons les gens à tout quitter ; il n'y a rien à quitter que le mal. Gardez votre art, votre profession, votre commerce, votre carrière. Un pauvre homme chantait sur son violon des chansons légères ou même obscènes. Que vais-je faire, nous dit-il, maintenant que je suis des vôtres ? Donnez votre violon à Dieu ! Il a toujours le même gagne-pain ; seulement il chante les chants de l'Armée du Salut.

Moi. — On dit que vous n'avez que des étrangers dans vos rangs.

La Maréchale. — Nous avons beaucoup de français.

Comme je prenais congé de M. et de Mme Booth-Clibborn, la maréchale me dit : Il n'est sorte d'injures qu'on ne débite contre l'Armée du Salut. Nous n'avons pas le temps de les lire, où le trouverions-nous ?

Un jour à X..., une personne très honorable obtint, par ses instances, de me mettre en présence d'un homme pieux. L'intermédiaire ignorait qu'il m'attirait dans un piège. Peu de jours après paraissait un article où l'écrivain faisait de moi une description physique ; j'étais traitée comme une actrice. Je rougis d'y penser.

—L'entretien fini on me présenta une jeune personne, officière dans l'Armée du Salut qui était sortie l'avant-veille du château de Chillon où elle venait de subir un emprisonnement de cent jours pour avoir enseigné les enfants, et en vertu de lois fabriquées pour elle seule, à titre exceptionnel, par les autorités de la libre Suisse.

IV

LE CONGRÈS. — LE GÉNÉRAL BOOTH

Le Congrès annoncé dans la réunion du 23 juin est, paraît-il, le premier congrès continental de l'Armée. On me dit qu'en dépit de la coïncidence, il n'a rien de commun avec l'Exposition : on a choisi ce moment pour profiter de la réduction du tarif des chemins de fer.

Le Congrès a tenu ses séances du 30 juin au 3 juillet, et ses membres s'assemblaient trois fois par jour. Je n'oublierai de longtemps le spectacle de cette estrade où siégeaient 150 officiers de l'Armée des deux sexes venus de France, de Suisse, de Hollande, de Belgique, tous jeunes, tous pleins de bravoure, d'élan et d'entrain, tous hors d'état — c'était visible — de réprimer l'explosion d'une allégresse débordante, tous enflammés du patriotisme de la cité universelle et sainte ; jamais lassés de parler ou d'entendre ; brûlant de zèle ; et s'épanchant avec une abondance, qui a pu paraître de l'ivresse aux spectateurs désintéressés, en prières, en cantiques, en amens et en alleluias, sans nombre et sans fin, au son d'une musique religieuse et guerrière !

La voilà leur Exposition, et les trois séances publiques qui ont attiré un grand nombre de personnes n'ont pas rempli la journée entière.

On a occupé le reste du temps par des séances intimes où l'on s'est fortifié en fraternisant dans la prière commune et les exhortations mutuelles, en se retrempant dans une sainte joie, en s'animant les uns les autres au combat, en s'entretenant de la guerre sainte, en dressant des plans de bataille contre l'ennemi commun : le péché, ou *Satan* comme dit le général Booth, qui a parlé comme son ennemi personnel et qui l'entend distinctement *grommeler* contre lui quand il passe dans les rues de Londres. Que Satan ne s'avise pas de s'introduire dans son cabinet de travail, fût-ce par la cheminée, car il recevrait au visage l'encrier de Luther. Et Satan se le tiendra pour dit.

C'est que M. Booth ne plaisante pas avec lui. C'est un homme d'un certain âge, mais d'une réelle verdeur, et d'aspect inspiré, d'autres diront illuminé, M. Booth ne tient pas au mot, et loin de s'occuper de lui-même, il prêterait plutôt à la critique (*française*) par un certain laisser-aller dans sa tenue ; il lui arrive de parler une main dans les poches : crime irréparable comme celui du ministre Roland, auquel le maître des cérémonies disait en larmoyant : « Quoi ! monsieur pas de boucles à vos souliers. »

Ah ! cet homme ne sait pas à quel point je regrette de ne pas lui ressembler. Regret qui, aux yeux de M. Booth, me distinguera toujours, j'espère, de Satan et même des démons inférieurs. C'est M. Booth, c'est son ardeur, sa vaillance, sa volonté, héritage anticipé de sa fille, qui inspirent cette phalange d'officiers qui ont déclaré les hostilités ouvertes entre eux et le monde et qui, après le Congrès, après le dernier chant et la dernière prière, sont partis en colonnes serrées qui pour la Suisse, qui pour la Belgique, en criant : Vive Dieu et Vive la France !

S'ils aiment leur général, s'ils le bénissent, s'ils prient pour cet homme d'une force indomptable, toujours en voyage dans toutes les parties du monde, à travers les lignes de l'Armée, comment s'en étonner ? Cette armée est une famille et ces témoignages bruyants, la satisfaction, le bonheur qui se lisait sur tous les visages, tout cela trahissait des cœurs en fête et la joie des enfants qui revoient leur père après une longue absence.

Ou Satan a bien mal placé sa haine, ou le général est l'un des apôtres du xixᵉ siècle. Sa parole abondante et toujours dans le ton de la conversation familière, pleine *d'humour* et d'esprit d'un sel un peu exotique, exhale comme un arôme *sui generis* qui fait qu'on entendait toujours avec un nouvel intérêt cet homme haranguant trois fois par jour le public et deux ou trois fois dans la seule séance du soir. Comme il parlait, un pasteur très connu de l'Eglise réformée de Paris me dit à voix basse : Ce qu'il dit est tout ce qu'il y a de plus simple, et c'est rajeuni au point de paraître nouveau.

Il a été puissamment interprété par le colonel Clibborn qui n'a pas eu de peine à suivre le courant de cette rapide et familière éloquence, où tout est tangible, vivant comme la vérité vraie, où les sujets moraux prennent le relief des objets physiques.

Je n'ai noté que dans ma mémoire ces allocutions qui ne sont ni des sermons ni des homélies, mais qui ont l'avantage de permettre à l'orateur l'usage de tous les matériaux et de tous les projectiles ; le but seul est identique et invariable : le salut de l'âme !

M. Booth est le chef d'une armée *salutiste*.

Je voudrais donner une idée de son genre original, sérieux et pratique.

A propos d'un docteur de la loi qui demande : que dois-je faire pour avoir la vie éternelle ? il dit : ce docteur ou légiste (par extension il a même dit cet avocat) était venu là pour critiquer, peut-être pour arracher à Jésus-Christ une réponse dont il pût se servir contre lui dans les journaux ! Voici un extrait du même discours : aimer, c'est le ciel ; aimer une fleur, un agneau, un chien, c'est déjà quelque chose de noble ; mais aimer Dieu, c'est le ciel au dedans. Sur la terre, votre ciel intérieur est indépendant du monde qui vous entoure, de votre *environnement*. Là-haut ce ciel du dedans sera rencontré par le ciel du dehors. O gloire de l'amour ! les deux ciels n'en feront qu'un. — « Jésus-Christ, dit M. Booth, indique au docteur, à l'homme de loi, à l'avocat les deux moitiés de la vraie religion : l'amour de Dieu et l'amour des hommes. — N'essayez pas d'arriver à l'amour de Dieu par l'amour des hommes (avis aux philanthropes ou théophilanthropes). Sur la parabole du Samaritain, il montre le prêtre passant ; il avait son sermon à faire ; « cela me fera, pensait-il, une bonne anecdote pour ma prédication de dimanche ». Passe enfin un Samaritain, une espèce de salutiste !

Si vous voulez montrer de la vraie compassion pour ceux qui périssent allez les voir chez eux. — L'humanité est demi-morte, il faut la ramener à la vie. Soyez des Christs. Qu'a donc fait Jésus-Christ? Voyez comme il a vécu, et vous verrez sa religion. L'orateur analysant le caractère des imitateurs de Christ : ce sont, dit-il, des hommes remplis de l'esprit de Dieu, nés de nouveau. Le sang de Jésus-Christ purifie tous vos péchés pour faire de vous non des protestants, non des catholiques, non des salutistes, mais pour faire de vous des élus de Dieu. Un chrétien aura le même but que Jésus-Christ : pour l'amour de nous il est devenu pauvre. Quel est votre but? être admiré? etc., etc., etc. Qu'est-ce qui a fait du Christ le Messie ? c'est qu'il a conçu le dessin de sauver la race humaine par un sacrifice : si Jésus-Christ fait de vous un Christ vous aurez le même but que lui.

« L'Armée du Salut s'est efforcée de marcher dans cette voie. On dit que nous ne reconnaissons pas les œuvres accomplies par les autres ; nous n'avons pas même tout le temps qu'il faudrait pour penser à nos œuvres, où trouverions-nous le temps de critiquer celles des autres? On va dire que je m'écarte de ma route ; puissiez-vous dire comme cet auditeur : il a voyagé si loin de mon texte qu'il est venu jusque dans mon cœur.

Si j'ai tort faites vos objections ; écrivez-moi et n'oubliez pas de mettre un billet de banque dans la lettre pour le soutien de notre œuvre. »

Le lendemain il répond à ceux qui disent : poursuivre le salut c'est un mirage ; et vous, ne poursuivez-vous pas quelque mirage ? à moins de vous joindre, non pas à l'Armée du Salut, c'est trop peu comme il faut, mais à ceux qui poursuivent le ciel.

Vous attendez peut-être quelque *Paris* céleste tout brillant de lumière où vous serez aux premières loges, tandis que nous serons relégués dans un coin d'où nous ne verrons rien. Erreur ; nous porterons notre bonté avec nous, si Jésus-Christ nous a rendus bons. — On a beau se moquer de nous, nous avons sept dimanches par semaine, et ils ne sont pas aussi ennuyeux que les vôtres. » L'entretien dont j'extrais ces citations a été un chef-d'œuvre de naturel et de familiarité humoristique, mais je ne rends pas l'esprit et la vie qui animaient tout cela. Gardez-vous des faux prophètes dirait-on : mais comment les reconnaître ?

Demandez ce qu'est cet homme chez lui, ce qu'en pensent sa femme, ses amis, ses domestiques, s'il est bon, sincère, désintéressé, etc., etc. — « ... Tout arbre qui ne porte pas de bons fruits n'est bon qu'à être coupé... Que deviendront les méchants après leur mort? Ils ne reviendront plus dans Paris; il y a un lieu spécial qui leur est réservé. Les gouvernements de cette terre ont des lieux appropriés où ils enferment les violateurs de leurs lois, pour leur ôter le pouvoir et l'influence, les moyens de nuire. Si Dieu édictait des lois sans pénalités, ses lois ne seraient que de bons conseils. Je vous dis que de même que vous ne pouvez violer les lois de la République française, de même », etc., etc. — Et l'allocution se poursuit tout d'une haleine avec une simplicité tantôt nonchalante, tantôt saisissante. « Je ne suis ni voleur ni adultère, direz-vous. Peut-être que vous n'avez pas commis ces crimes, mais n'est-il pas vrai qu'il y a eu dans votre cœur et le vol et l'adultère. Dieu lit le cœur; il lit que la loi est violée... » — « Dieu vous atteindra ; au lit de mort vous direz : Dieu est plus fort que moi; ma vie a été manquée; là s'arrêtent les sarcasmes... » — « Si vous développez le mal qui est en vous, si vous repoussez Dieu, vous achèverez de compléter votre caractère moral ; et il sera fixé et vous graviterez vers les basses régions à toujours... » « Si au contraire, etc. »

J'ai entendu plusieurs discours du général Booth, et chaque fois j'ai pu souligner une phrase analogue à celle-ci : « Je ne vous dis pas : *si vous voulez être sauvés, devenez salutistes,* — mais : allez à Jésus, à Dieu; dites : « O Dieu, fais-moi connaître la vérité; j'abandonne mon âme à tes pieds; prends mon cœur. » Je vous dis : « Mettez Dieu à l'épreuve, et vous verrez s'il ne parle pas à votre âme. Ne dites pas : je ne peux pas me délivrer de mes passions; je ne peux pas me maîtriser; vous pouvez une chose : consentir à ce que Jésus-Christ le fasse... que si vous voulez flotter sur le courant des eaux sans jeter l'ancre, écoutez : vous allez bientôt entendre le bruit lointain du terrible *Niagara* qui va broyer votre barque dans son tourbillon. Si vous dites à Jésus : Voici mon cœur; il est impur; l'égoïsme le gouverne; il accourra vers vous; il vous prendra sur ses épaules, lui qui est devenu homme pour vous révéler le cœur du Père... etc. »

Le mercredi 3 juillet, à propos des scènes de désordre qui, la veille, s'étaient produites au-dehors, le général Booth a parlé d'une manière très incisive et très intéressante; car il n'y a pas un mot de *patois de Canaan* dans toutes ses paroles. « Hier soir, terrible tapage; eh! c'est que le diable ne m'aime pas. Nous lui avons marché sur le pied; et il a crié horriblement; il nous fait mépriser du monde! Quelles gens que ces salutistes ; ils vont chanter dans les cabarets. Dans les rues de Londres, quand je passe, on se coudoie sur les trottoirs ; on se demande à demi-voix : « *Etes-vous sauvé ?* »... — plus loin : « L'homme a maudit un monde par son péché. Je ne plaide pas auprès de vous pour que vous soyiez *salutistes*. Fixez les yeux sur mon Christ. Soyez de Dieu. — On peut n'être pas de notre avis ; mais à l'intérieur nous maintiendrons l'ordre ; c'est un règlement de l'Armée du Salut. Si vous ne voulez pas combattre sous notre drapeau, combattez sous n'importe quel autre drapeau pourvu que ce soit le drapeau de l'agneau ! (1) »

C'est l'éternel refrain du général Booth. On me dit que des protestants ont fait chœur avec des cléricaux pour le traiter d'hypocrite, de jésuite, de menteur, même de Boulanger, ce qui est le comble de l'outrage. Je n'ai pas vérifié ce qu'on m'a dit, et je voudrais ne pas le croire ; mais que ne suis-je assuré d'être assis, même bien loin au-dessous de ce jésuite, **dans le royaume des cieux !**

(1) Le lendemain, des scènes de violence éclatèrent, et les tapageurs étaient d'un seul côté.

V

DOCTRINE. — POINT DE VUE. — MÉTHODE. —
PROCÉDÉS.

Prendre l'Évangile au pied de la lettre, et Jésus-Christ au mot; voir, dans le salut qu'il apporte et qu'il personnifie, comme l'auteur personnifie son chef-d'œuvre, la réalité des réalités, la vie, la lumière loin de laquelle l'homme tourne confusément sur lui-même comme un idiot qui rit de son malheur; toute l'originalité de nos missionnaires est là. On me dira qu'ils n'apportent rien de nouveau ; ils s'en gardent avec le plus grand soin. Ce qui est nouveau, c'est la méthode pratique au moyen de laquelle ils essaient de démontrer les vérités nécessaires et de les faire passer dans leur vie. Ils mettent au premier rang l'expérience et l'action. N'étant ni docteurs, ni casuistes, ils ne mettent pas le pied sur le terrain des discussions stériles. Profonds psychologues sur les traces du Christ, ils frappent la raison et la conscience, sans engager avec elle de dialogues subtiles.

Le péché, l'enfer, le ciel, le Sauveur, c'est l'abrégé de leur dogmatique, n'est-ce pas le sommaire de la tragédie de la vie humaine vue des sphères éternelles ?

Et de fait, s'il y a un ciel, (dont tout le monde veut) il y a par là même un enfer (bien que personne n'en veuille). Et s'il n'y a pas d'enfer il faut dire adieu au ciel, à moins d'associer les démons et les anges, c'est-à-dire d'instituer une société pire que la nôtre dont la tranquillité relative s'achète au prix des lois, et des geôles : malheur inévitable qui est comme l'envers du bonheur des autres. Il y a sur le monde à venir de ces questions qu'il est agréable d'agiter dans les jardins d'*Académus*, en l'air, et pour ainsi dire aérostatiquement, mais qu'une simple et sérieuse énonciation, l'appel à la conscience et l'expérience résolvent sans discussion.

Cette doctrine du Christ sauvant de l'enfer par amour s'identifie avec la vie, dont elle met en jeu tous les ressorts à la fois : *Amour, crainte, intérêt, devoir*. Je dis l'intérêt, ce mobile qui tour à tour impose ou défend le sacrifice de soi-même ; qui impose le sacrifice de tous les *intérêts*, sauf un, le salut de l'âme ; cet intérêt qui purifié de toutes les scories par le feu de l'Évangile se retrouve au fond du creuset fondu en une seule masse avec l'amour et le devoir,

comme un alliage de métaux également précieux et inaltérables.

Quiconque croit en lui ne périra point, il
aura la vie éternelle. Jésus-Christ a-t-il laissé
une autre doctrine? Ou nous a-t-il transmis une
dogmatique dont nous serions chargés de révi-
ser les éditions successives remises au courant
des progrès du siècle? Jésus-Christ, s'il apparais-
sait en personne, serait-il moins puissant aujour-
d'hui qu'autrefois? Le bras de **Dieu** s'est-il
raccourci à mesure que le bras de l'homme s'est
allongé? Le créateur se ruine-t-il pour enrichir
et doter sa créature?

Qui de nous, qui de nous va devenir un Dieu? »

Ironie! ôtez la pulpe de l'Évangile et n'en
laissez que l'écorce; faites mieux; reniez le
spiritualisme, et dressez de vos mains un pié-
destal à la statue de l'athéisme contemporain,
ou reconnaissez qu'en présence de cette subite
ascension des masses populaires, de ces ondes
recélées jusque là au fond de l'Océan, et que de
grands mouvements amènent à la surface et au
soleil, l'Évangile, tant commenté, tant éclairci
et tant obscurci dans ces chaires, les chaires
souvent trop élevées, consiste en une seule
parole : *Crois et tu seras sauvé ! Il est venu cher-
cher et sauver ce qui était perdu.*

4

Témoin le brigand sur la croix, témoin saint Pierre, témoin saint Paul, témoin saint Augustin, témoin Luther, témoin Wesley, témoin le condamné à mort à qui le pasteur parle à l'oreille à deux pas du couteau, témoin le mourant qui repasse d'un regard sa vie criminelle et porte vers Jésus un regard suprème où il exprime et concentre un ineffable : *je crois!* Témoin Vinet (1) à son lit de mort, qui pour quitter la terre en paix, réclamait pour viatique, lui ce grand homme, les vérités élémentaires de l'Evangile de Jésus-Christ : *Le salut par grâce à qui croit au Sauveur.* Ah! dites, redites, répétez encore, sans fin et sans trève au pécheur, au grand, au petit, au mourant, au malade, à tous, que Jésus sauve, qu'il pardonne, qu'il aime; qu'il pardonne et qu'il sauve; car cela est doux comme l'amour le plus doux, comme le chant le plus suave, comme la lumière, comme l'air pur, comme la vie !

Je ne plaide pas pour qu'on s'enrôle dans l'Armée du Salut. J'expose ses doctrines tout

---

(1) Dans le beau discours qu'il a prononcé comme Président de l'assemblée de la *Société biblique de France* M. le professeur Pédézert a dit : « Consentons à marcher » par la foi... Se confier et se soumettre n'est pas l'infir- » mité, c'est la noblesse de notre nature. » V. le *Chris- tianisme au XIXe siècle* du 20 juin 89.

élémentaires. Croire en Jésus vivant. On dog-
matise trop souvent comme s'il était mort. Une
fois sauvé, se mettre au travail pour sauver les
autres : *laisse là tes filets et suis moi, je te ferai
pêcheur d'hommes.*

On ne voit rien là qui rabaisse la science.
Autre chose est la vie, autre chose la théologie.
C'est la vie qui préoccupe nos évangélistes ; ils
ont quitté le monde pour se faire soldats. Autre
chose est l'école, autre chose l'armée. Autre
chose la vie ordinaire passée au sein de la paix;
autre chose la guerre.

La guerre, c'est l'action ardente résumant et
empruntant tous les progrès accomplis. L'exercice est action, la manœuvre, action, les mouvements du corps, action ; et quand au milieu de
toutes ces actions diverses on parle de l'action
par excellence, il s'agit du combat. La guerre,
c'est le feu ouvert et le sang répandu (1); ce
sont les coups portés et reçus ; les prisonniers
capturés ; les positions enlevées et occupées ;
les territoires conquis et annexés ; le drapeau
ennemi abattu et le drapeau victorieux hissé et
arboré à sa place ; prenons les *Salutistes* pour
ce qu'ils veulent être et jugeons-les en consé-

(1) Tel est j'imagine le sens de la devise de *l'Armée
du Salut :* « Sang et feu. »

quence : ils veulent être une armée en campagne.
La vie chrétienne est un combat. S'il y a des
gens qui, se rangeant sous les lois d'une discipline exacte, et calquée sur la discipline militaire, se donnent pour mission de recruter des
disciples pour le Christ, de porter la guerre en
pays ennemi, d'attaquer ses adversaires indivi-
duellement, de poursuivre et de prédire la victoire, donnez à cette cohorte tel nom qu'il vous
plaira ; ce n'en est pas moins une armée. L'op-
timisme chrétien pénètre le cœur des soldats.

L'espoir, la certitude du triomphe transportent
et réjouissent d'avance les combattants :

Voyez-vous ce ciel pâle au-delà de ces monts !

Gravissez les monts, disent-ils, et le ciel s'il-
luminera ; ceux qui se sont élevés très haut
dans l'atmosphère ont vu les étoiles briller
d'une lumière éclatante ; montez encore.

Montez : la Cité sainte descend des cieux. Un
jour viendra où elle remplira l'espace : Anges,
alors votre siècle sera venu.

C'est en fixant les yeux vers la cité sainte
que l'armée du Christ s'est mise en marche ;
l'Armée du Salut est l'un de ses corps avancés.
Parlez-lui de veilles, de combats, d'efforts, de
martyre, mais ne lui parlez pas de théologie ;

faites-en vous-même et de la meilleure ; peut-être que le dernier fruit de vos études d'hommes passionnés pour la vérité sera de conclure que tout est vanité en dehors de cette parole : « Crois seulement et tu vivras. »

Otez cela, que reste-t-il pour le peuple ? Rien. Il est livré aux mains de ceux qui officient pour lui, en vertu d'une procuration tacite et irrévocable.

J'essaie de me revêtir des sentiments de l'Armée pour la comprendre et pour l'expliquer.

Elle ne vit que de foi, d'espoir et d'amour, de là jaillit cette joie constante et réelle de ses soldats, joie qu'on peut trouver un peu bruyante, joie qui se répand en *Amens* et en *Alleluias*, poussés du fond du cœur pendant les prières, non sans couvrir parfois le bruit des paroles. De là ces invitations sous toutes les formes.

La voix semble dire : Venez, le charlatanisme vous appelle de tous les côtés : pourquoi l'Évangile n'aurait-il pas ses crieurs publics ? Venez, le théâtre a ses affiches ; pourquoi Jésus-Christ n'aurait-il pas les siennes ? Venez : Debout au seuil des carrefours, la prostituée jette des fleurs sur la pente qui mène au Sépulcre. Pourquoi les femmes qui aiment vos âmes ne la devanceraient-elles pas dans ses exhortations pressantes et audacieuses ? Pourquoi, faisant un

pas de plus n'iraient-elles pas jusqu'à la prostituée pour la traiter en sœur, lui tendre la
main et lui rendre sa place au foyer de famille?
Venez, une obscure tristesse est au fond de vos
cœurs liés de chaînes ; ici la joie naît d'elle-
même et nous transporte, et si elle brille sur
nos fronts comme dans nos cœurs et dans nos
consciences, souvenez-vous que Pascal lui-
même portait écrit et caché sur sa poitrine, ces
mots : *joie, débordement de joie.*

Ou la plus noire hypocrisie déshonore l'Armée,
ou telles sont les inspirations de ses soldats.

Les formes mêmes qui jurent un peu avec nos
mœurs s'expliquent par la mission qu'elle s'attri-
bue : *Ouvrir la brèche* : Mission périlleuse.
Laissez les soldats monter à l'assaut en chantant
la sainte Marseillaise !

Mais le goût français réclame ; la chaste politesse française qui veut qu'on s'habille à la
mode, n'eût-on pour tout vêtement qu'une gaze
légère, détourne les yeux d'un air de pudeur
offensée, les mœurs et les humeurs sont confon-
dus et ahuris ; et les bourgeois du christianisme
redoutent le chaos et la fin du monde ; et les
artistes protestent de leur côté ; et l'éminente
Mme de Gasparin jette feu et flammes oubliant
que son illustre mari, de très noble mémoire, a
écrit sérieusement sur les *Tables tournantes,*

sans perdre ni le protestantisme, ni sa réputation, ni sa haute raison, ni sa piété, ni son sévère talent. Or il s'agit de bien autre chose ici que de *tables tournantes*! Il y a des excès de forme (des excroissances m'écrivait un de nos pasteurs) on y pourvoira ; avertissez charitablement. Il y a des excentricités ; mais où est le centre ?

Vous mourez de soif ; on vous apporte de l'eau en musique. Plutôt la mort. Ne voyez-vous pas que la grosse caisse détruira le christianisme? Les cymbales insolentes symboliseraient l'éloquence de certains de nos orateurs. Il faut à l'Armée du Salut une poudre sans fumée et sans bruit; qu'on cache le costume, en attendant de cacher l'heure des séances et d'adopter des mots d'ordre pour les seuls initiés : il faut que, redevenus des gens comme il faut, rentrés dans le courant du monde, ils fassent voir à tous que l'Evangile sait vivre, et que se plier élégamment à toutes les exigences de la mode chrétienne du bon ton et même du caprice parisien, c'est ce qui s'appelle sauver les gens qui se noient sans se jeter à l'eau et même sans se mouiller le bout des doigts.

Après avoir rendu témoignage à la foi de mes frères, je viens au chapitre des réserves et des appréhensions, et j'espère le faire court.

Il y a deux choses à considérer dans la vie chrétienne : la consécration à Dieu et la vie nouvelle qui doit en découler, comme on distingue dans l'être organique la naissance et la vie. Le fait initial commande la série des faits subséquents qui forment tout le développement organique. On peut naître et ne pas vivre puisqu'il y a des morts-nés. On peut naître non viable. On peut naître estropié. Spirituellement la naissance ne saurait provenir que d'un acte libre de la volonté. Il faut naître de nouveau, ce qui suppose une mort volontaire ou un suicide préalable.

Ce suicide, cette nouvelle naissance, l'Armée tend spécialement à les provoquer en insistant sur l'acte de consécration. Détachez-vous du monde, faites un pas, venez vous agenouiller avec nous devant Dieu.

Eh bien ! s'il y a lieu de réagir contre l'illusion et l'aveuglement, fruits de ces habitudes dévotieuses (1) qui endorment une âme sur l'état de ses relations avec Dieu ; s'il y a lieu de faire tout au monde pour persuader aux hommes de signer un contrat avec le Sauveur — et c'est ce que fait l'Armée du Salut, — n'y a-t-il pas en regard un écueil : Croire que, ce

(1) Mot *risqué*.

pas fait, un nouvel homme est nécessairement entré dans la vie? Sans doute, si l'acte est vraiment le don de soi-même, je dirai la donation, puisqu'il y a contrat, sans doute il y aura naissance ; mais n'est-il pas dangereux d'arracher trop tôt cette démonstration extérieure de la consécration ? Il faut stimuler, faut-il contraindre ? Ne risque-t-on rien à solliciter une âme hésitante avec des instances trop pressantes, au milieu de manifestations enthousiastes, avec des menaces réitérées de mort et d'enfer, avec tout cet appareil qui risque de porter non seulement sur le cœur (qui est le point à toucher) mais même sur les nerfs cardiaques et de déterminer chez quelques-uns une crise qui n'aurait de la consécration que les apparences, en dépit de la sincérité du moment ? On dit au pénitent qui s'agenouille : venez ici pour être sauvé; on dit au pénitent agenouillé qui se relève : vous êtes sauvé. Lui-même racontant son expérience dira ; j'ai été sauvé tel jour. Je me hâte de dire que l'écueil placé à l'entrée du port ne le rend pas inabordable. Il faut seulement ne pas perdre de vue la lumière du phare divin.

J'en conviens, le but de l'Armée étant d'exercer une action sur l'individu, d'ébranler l'être tout entier et de le mettre en marche vers le but assigné d'en haut, il y a une logique naïve et profonde dans son mode de procéder. Pour exercer une action efficace, pour engendrer une détermination, ce serait trop peu d'une heure de culte ; il faut soumettre l'esprit, le cœur et la conscience à une influence prolongée ; il faut détacher l'homme de son milieu ordinaire, créer pour lui une séparation d'une durée appréciable entre le monde et la vie nouvelle qu'on lui propose, afin de lui donner le temps de réfléchir et de se reconnaître. De là, ces séances qui sont longues, sans paraître ennuyeuses, phénomène qui tient à la variété des exercices. J'ai décrit une de ces séances avant d'en comprendre tout le mécanisme moral. On a pu les appeler des représentations.

Mais en vérité il n'y a là de spectacle que pour qui n'est pas gagné par la contagion, entraîné sur la scène et engagé dans la pieuse troupe.

Je vois clairement les raisons du *spectacle* que j'avais dépeint. Après des exhortations multipliées, après des cantiques pénétrants et entraînants, malgré nombre de vers prosaïques ou mal calculés, après des *alleluias* et des *amens* sortis du cœur par élan ; après des prières abondantes et touchantes qui prennent la forme d'une lutte avec Dieu pour le salut des âmes, on s'adresse derechef aux assistants. On lutte contre ce qui reste d'objections et d'obstacles au fond des cœurs touchés et contrits ; on adjure les personnes présentes de *s'avancer*, de faire un acte qui les *compromette* ; on dissipe les dernières illusions; on souffle sur les derniers équivoques; on crie à l'enfant prodigue : « *espoir pour toi!* » On montre l'enfer dans l'âme dès cette vie, le ciel dans l'âme dès cette vie ; le sort de l'homme fixé à la mort pour jamais. Parions, disait Pascal. Ici les paris ne sont pas ouverts : on voit distinctement l'entrée de deux routes qui obliquent et qui divergent dans l'infini pour l'éternité. « Que celui qui est saint se sanctifie encore davantage ! Que celui qui est souillé se souille d'autant plus ! » Mystère : Je vois s'agiter des choses étranges au sein des profondeurs infernales. Dans ce royaume, qui donc s'inquiète des bizarreries de la forme ? Mais la vie n'est pas éteinte ; la voix qui appelle parle encore ; elle éveille des échos longtemps endormis; elle vante les trésors de la miséricorde inépuisable; elle exalte les saintes joies ; elle supplie les pécheurs de venir aux pieds de Jésus-Christ. On est alors au paroxysme de l'impression, dans tout le feu de l'action. Insensiblement les *officiers* se répandent dans la salle et vont insinuer des paroles fraternelles au fond des cœurs de

ceux qui subissent déjà le charme évangélique;
et de temps en temps, on peut voir sortir des
rangs pressés de la foule et du monde un com-
battant qui jette ses armes et se rend prisonnier
de Jésus-Christ; il s'avance; il est captif; il
s'agenouille : c'est un homme, c'est une femme;
et aussitôt les soldats de l'Armée, les jeunes
frères et les jeunes sœurs, s'agenouillent auprès
de lui. lui parlent cœur à cœur, prient avec et
pour l'âme qui veut mourir, qui veut renaître,
qui veut revivre : C'est une consécration.
Il peut y avoir nouvelle naissance, il peut
n'y avoir qu'une impression éphémère. La
première possibilité commande de tout tenter
pour atteindre le but. La seconde possibilité
commande une sorte de retenue dans la rédaction des bulletins de victoire, Dieu seul sait le
fond des cœurs; et ce qu'une consécration ainsi
obtenue peut avoir de précaire et d'éphémère ne
saurait devenir entre les mains de qui que ce
soit un argument plausible contre cet élan militaire des soldats évangélistes, et ce serait un
crime de l'entraver dans son essor.

On le voit, je flotte, combattu entre l'admira-
tion et l'appréhension. Quand j'entends un
jeune homme me dire : voilà huit jours que je
suis sauvé, j'admire sa confiance, mais je suis
tenté de lui répondre : attendez encore huit

jours. D'un autre côté, je me demande si le scepticisme moderne ne m'a pas suggéré ma réponse, et je me dis qu'après tout si la foi doit être toujours mêlée de doute, il n'y a plus au monde que du doute. Les *Saul* ne tombent pas par milliers sur le chemin de Damas. La lueur de la foudre n'éclaire pas les grandes routes, mais l'âme est le théâtre de préparations lentes et invisibles, et l'acte final n'est souvent que la brusque apparition d'un fruit qui a mûri avec lenteur loin de tous les regards.

Je laisse le procès pendant sur le bureau. Un membre éminent de l'Armée me disait : « Quand un enfant vient de naître on l'annonce. » — « Oui, répliquai-je, mais il a été porté neuf mois. » On apercevra ce qui m'inquiète à travers toutes ces précautions de langage. J'ai une autre appréhension : il est beau de rendre témoignage de sa foi et de se porter le garant personnel des promesses divines, mais le *témoin* qui glorifie sa délivrance ne sera-t-il jamais exposé à perdre de vue tout ce qui reste encore dans un cœur chrétien de misère, de luttes, d'épreuves, de faiblesses, de mal? Le colonel Clibborn parle avec sincérité de la nécessité de nouvelles consécrations.

Irai-je pourtant reprocher à l'Armée du Salut de n'exhiber que des gens heureux et contents?

Ces soldats croient devoir faire paraître une bonne humeur et un entrain tout militaires. Ils portent donc la joie sur leurs visages : *Gaudium præferunt*. Il est recommandé d'être toujours joyeux : peut-on l'être toujours ? La joie chrétienne est-elle sans mélange ? N'est-ce pas la joie du voyageur certain d'arriver au terme du voyage pourvu qu'il tienne les yeux fixés sur les sommets que blanchit l'aurore lointaine, mais qui sait aussi qu'il côtoie les gouffres où peut le précipiter un instant de vertige ou d'oubli ? L'allégresse pleine et entière est un fruit de la vie chrétienne, mais le cueillerait-on autre part que dans le ciel ? Elle est tragique et mélangée, la joie de quiconque plie sous le faix d'une croix. Jésus-Christ,

> « Sous son voile d'ignominie,
> Sous sa couronne de douleur ; »

Jésus-Christ sur la croix a-t-il tressailli d'allégresse ? L'âme qui sort du monde gravit un calvaire et va se crucifier. Heure sombre et divine où les anges volent entre le ciel et la terre et se parlent tout bas, où le soleil couvre ses rayons, où le tonnerre gronde au sein des nues. C'est au milieu d'une nature bouleversée et comme hors d'elle-même que le tombeau s'ouvre, que l'homme meurt à lui-même, et que le mort ressuscite en Dieu. Mais au lendemain de cette résurrection, n'y aura-t-il plus de Calvaire à gravir ?

VI

L'Armée vient de célébrer, par deux congrès tenus à Paris et à Londres, son 24.e anniversaire.

Elle compte 2700 *corps* et 8000 *officiers*.

Les officiers sont ceux ou celles qui ont tout quitté pour se vouer exclusivement au ministère de l'évangélisation.

On appelle *soldats*, les convertis qui, sans renoncer à leur profession ou à leur situation, prennent une part active aux travaux de l'Armée.

Un poste est le corps d'officiers groupé autour d'une salle d'évangélisation.

A Paris, le premier poste fut installé par la maréchale, rue d'Angoulême, quartier du Temple. puis rouvert et définitivement établi, 87, quai Valmy.

Un second poste a pour siège la rue de Belleville.

Le troisième poste et le plus important, est celui de la rue Auber, quartier de l'Opéra.

Les salutistes occupent ainsi les deux pôles de Paris, misère en haillons et misère dorée.

C'est là que le quartier général a été transporté. Le colonel Clibborn a la haute direction des divisions, des brigades (du régiment si vous voulez) de France et de Suisse et, selon la pratique de l'Armée, il est très souvent en tournée d'inspection ou de visite.

Le travail est rigoureusement divisé et le quartier comprend une quinzaine de bureaux : intendance ; rédaction ; expédition ; vente des publications ; renseignements, etc.

La salle affectée aux réunions est très vaste, très aérée et éclairée par des lampes Edison. Il y a aussi le bureau du journal : *En avant* ; le dépôt des brochures de toutes sortes.

Paris est le siège de deux écoles militaires : l'une pour les jeunes hommes, l'autre pour les jeunes filles (cadets et cadettes).

Le journal *En avant* se vend environ à 1.000 exemplaires par semaine à Paris, et à 15.000 dans toute la France.

L'Armée publie et *vend*, en 12 langues différentes, 27 journaux hebdomadaires illustrés, dont le tirage atteint 660.000 exemplaires, environ 655.000 de plus que le *Christianisme* et l'*Eglise libre* réunis.

Le chiffre total des publications de l'Armée a été d'environ 30 millions en 1888.

Ces publications sont *vendues*; l'Armée tient beaucoup à ce mot : vendre ; car elle tient à subsister par elle-même soit du produit des ventes, soit du produit des contributions volontaires de ceux qui apprécient ses services.

Le *War cry* (cri de guerre) se publie en Angleterre à 250.000 exemplaires, et je tiens d'un pasteur de l'Eglise réformée de Paris, M. M... que le général Booth a toujours refusé les annonces commerciales, industrielles, etc., parce que, dit-il, prêchant dans les premières pages de son journal une simplicité de vie évangélique, il ne se sentait pas libre de contribuer indirectement au luxe à la quatrième page.

Je ne parle ni de soldats ni de recrues, ni des ménages relevés, des personnes touchées : j'en connais.

Au quai de Valmy, 64 soldats portent les insignes de l'Armée.

Une œuvre de relèvement se poursuit auprès des femmes tombées. Toutes les classes de la société subissent son influence.

En Australie, l'œuvre de l'Armée du Salut sur les prisonniers libérés est si fort appréciée du gouvernement qu'il lui alloue une forte subvention.

A côté des réunions que j'ai décrites il y en a d'autres qui sont comme des agapes fraternelles ; elles réunissent des gens de situations très-diverses. En Angleterre on appelle couramment ces réunions *Thé* (ou café) *alleluia*. Cette alliance de mots nous choque en France. Le colonel Clibborn paraît l'avoir compris, car je vois annoncé dans le n° du 13 juillet du journal *En Avant* un grand *café joyeux* pour le 15 juillet salle Auber (1). C'est mieux : car on ne dirait pas : un *Café Jésus*, un *Thé rédemption*, un *lunch calvaire* ; alliance de mots qui a le double tort de profaner des noms sacrés en les juxtaposant à des mots d'usage culinaire, et de rappeler ces habitudes mercantiles ou vente d'*objets* de piété, d'*articles* de religion et de *bibelots bénits* et tous ces ingénieux petits commerces au moyen desquels les marchands ou marchandes du temple et les *camelots* de l'Église accroissent la richesse de leur congrégation, spéculent sur le culte et diminuent le respect des masses pour les ministres de l'Évangile ou ceux qui se disent tels.

(1) Carte d'entrée, 50 cent. quai Valmy et 1 fr. rue Auber.

Certes, l'Armée du Salut n'a rien de l'empirisme charlatanesque ; ce qu'elle gagne elle le dépense ; et dans ces réunions (thé ou café), elle ne veut qu'élever par l'attrait d'une *réception* démocratique, de bon ton, et d'un caractère fraternel, bien des gens dont peut-être plusieurs ne sont reçus nulle part au sens du mot : *réception.*

C'est l'un des meilleurs moyens de rapprocher et d'unir des gens de toutes les conditions et de les enrichir les uns par les autres par cet échange de relations désintéressées, trop rares, qui mettent tout le monde sur le pied d'une égalité sainte, la seule qui mérite le nom d'égalité. Qu'on supprime les noms de *Thé alleluia* ou de *Café alleluia;* qu'on se borne à inviter à un thé ou un café en développant l'idée ou le sentiment rendu dans le mot supprimé. J'ai assisté à ce *café* du 15 juillet, et j'ai même cru y entrevoir de loin un journaliste protestant sous un chapeau à larges bords (je ne dis pas *rabattus*) au moment où il jetait un coup d'œil rapide et furtif sur ces rangées de tables où 150 personnes sinon 200, causent entre elles en prenant le café avec la même convenance qui règne ou doit régner dans les salons *dits du meilleur monde.*

La soirée s'est terminée par des chants et des exhortations dont une fort spirituelle par le colonel Clibborn, sur les gens vêtus à la mode (mode du ciel, mode de la terre) et sur le contraste entre les chants de l'Armée et les flon flon de l'Eden qui ont retenti dans la salle si à propos, comme pour souligner les paroles de M. Clibborn, que des applaudissements se sont fait entendre.

Rien ne vaut, pour faire apprécier les progrès accomplis et l'enthousiasme répandu par l'Armée du Salut, les détails suivants sur le Congrès de Londres.

Dès la veille, 8 juillet, des trains sans nombre emportaient vers Londres 50,000 salutistes ou amis des salutistes.

Eux-mêmes étaient environ 20,000.

Cette foule immense s'est entassée dans le palais Alexandra.

On ne pouvait faire un discours.

Les prières, les chants ont monté vers Dieu dans un immense chœur.

Quand le général est entré, 2,500 musiciens (dont 30 jouaient de la grosse caisse) ont fait retentir l'air d'une musique qui par moment tonnait avec les éclats de la foudre.

L'après-midi, les salutistes formant une armée imposante scindée en 6 divisions, s'établissaient sur les pentes d'une immense colline ; — des bombes communiquaient à tout ce corps en mouvement les signaux nécessaires, et les annonces se faisaient d'une manière instantanée au moyen d'un ballon captif.

L'impression religieuse a été puissante, et 2,000 personnes dont plusieurs fondaient en larmes sont venues s'asseoir au banc des pénitents et faire un pacte avec Dieu.

Seulement il est bien évident que pour peu que l'armée continue à progresser, elle ne pourra plus tenir d'assemblée plénière.

VII

L'AVENIR. — PRONOSTIC.

On voit que l'œuvre existe en dépit de l'envie. Laissons aux gens querelleurs l'honneur de la regarder par ses côtés hétéroclites ou excentriques et, pour être justes et vrais, discernons les mérites et les avantages positifs. Quand nous aurons mis sur le pied d'activité une milice plus aguerrie, il sera temps de licencier l'Armée du Salut.

Vivra-t-elle ? A-t-elle un avenir ?

Elle vit dans le présent ; elle a vécu dans le passé. L'arbre couvert de feuilles et de fruits sera-t-il mort demain ? Non, sans doute, à moins qu'il ne périsse d'un excès de fécondité ; mais ce qui tuerait un arbre est ce qui fait vivre une Société. Mais l'arbre est peut-être une de ces végétations hâtives ou exotiques qui, transportées à grands frais dans un climat ennemi, font un jour l'étonnement des yeux et se dessèchent le jour d'après. Peut-être n'a-t-il pas de racines. L'Armée du Salut est-elle exotique ou

sans racines? Est-elle artificielle et sans vie?
A-t-elle une existence légitime dans le passé?
Son avenir se lira dans ses entrailles, dans
sa constitution, dans ses caractères essentiels.
L'analyse fournira le pronostic.

Née depuis 25 ans à peine, commandée encore par son fondateur, qui est comme l'Abraham de cette postérité, l'Armée du Salut surprend par la rapidité de ses développements;
ses officiers et ses soldats annoncent la bonne
nouvelle aux Parisiens du quai Valmy et du
quartier de l'Opéra et aux Zoulous accroupis
dans les hautes herbes (1). Après un quart de
siècle d'existence, cette œuvre, si originale dans
sa forme, a pris un développement si rapide
qu'aucune association religieuse ne peut lui être
comparée sous ce rapport. Croira-t-on qu'il peut
suffire d'un méchant article pour interrompre
le cours de tels progrès? que l'arbre qui porte
de tels fruits soit sans racines, et que les victoires
d'une armée présagent pour un avenir prochain
sa disparition et sa défaite? Alors, mais seulement alors, il faut dire que l'Armée n'a pas de
lendemain. Dans le cas contraire, on est réduit
à confesser qu'elle a devant elle au moins un
siècle d'activité et de puissance.

(1) Ceux-là, du moins, ne songent pas à se plaindre de
la grosse caisse.

Est-ce l'heure où la foi va manquer aux soldats de cette milice née de la foi ? « Si vous « aviez de la foi gros comme un grain de mou- « tarde, dit Jésus-Christ, vous diriez à la mon- « tagne : ôte-toi de là et jette-toi dans la mer, « et elle se jetterait dans la mer. » Image ! ombre ! figures ! tels sont les commentaires du xixe siècle. Le xvie siècle l'entendait un peu autrement. Un moine fit à la montagne l'in- jonction sacrée : et la montagne lui livra pas- sage. La foi soulève les montagnes de l'univers moral ; et en ce sens la promesse doit être prise à la lettre, en attendant les jours où l'esprit transfiguré et glorifié disposera d'une force qui lui subordonnera la matière courbée sous ses volontés.

Le maximum de puissance est obtenu par la foi : il faut croire que c'est arrivé ; il faut prendre au sérieux son action et soi-même ; il faut voir d'avance le miracle réalisé, l'obstacle déplacé ; il faut passer au travers par la pensée et par la volonté. Il n'y a de foi que celle qui peut faire dire :

> Ta volonté volait comme ce trait rapide
> Qui va frapper le but où le regard le guide
> Même à travers un cœur ami.

C'est peut-être ce cœur qui fait l'office de la montagne.

N'est-ce pas le réveil ou la résurrection de cette foi qui a marqué les époques mémorables de rénovation évangélique ? Quand donc, infidèle à sa propre vertu, a-t-elle manqué de renverser les montagnes ? Quand donc ceux qui la possèdent ont-ils été vus désertant le champ de bataille, seul chantier de la foi ?

Et quel sera le signe et le sceau d'une telle foi ? L'action. Et cette action commence par un acte d'héroïsme : tout quitter pour suivre Jésus-Christ : laisser là ses filets pour devenir pêcheur d'âmes. La foi n'a point son siège dans la tête ; c'est une immolation de soi-même à la vérité.

Eh bien ! les officiers de l'Armée du Salut ont accompli ce sacrifice. Voués à l'abnégation la plus entière, non pour acquérir parmi les hommes le renom d'une pauvreté méritoire, ils n'ont cherché dans cette abnégation qu'un moyen d'être en contact avec Dieu seul, et la meilleure condition de vie pour courir d'un pas léger au but vers lequel ils ont fait vœu d'entraîner les autres. J'ai appris, avec une sorte de honte pour moi-même, qu'en s'enrôlant dans la légion et sous les insignes du salut, les officiers renoncent à toute espèce de traitement ; ils n'ont droit qu'à leur entretien, et les subsides en nature ou en argent se mesurent sur leurs besoins et sur les ressources du moment. Ils vivent au jour le jour ainsi que les soldats en campagne et comme c'est une maxime que la guerre doit nourrir la guerre, chacun des corps groupés autour d'un poste est tenu de se soutenir par lui-même ; et selon les postes, les pays et les circonstances, il arrive que les officiers s'imposent souvent des privations très dures (1).

Si les ressources du moment le permettent, ils sont tenus de ne pas se priver du nécessaire, et ils mènent alors une vie un peu plus large, toujours dans cet esprit de sobriété absolue et de stricte économie dont j'ai parlé. Ils savent être dans l'abondance ou dans la disette (2). S'il y a de l'argent, il est destiné à l'*œuvre* ; aucun officier ne peut s'attribuer le don qu'il peut avoir reçu. Ainsi c'est au jour le jour que subsiste et qu'avance comme en pays ennemi cette armée qui vient de louer à Paris, entre l'Opéra et l'Eden, une salle avec ses dépendances plus de 10.000 francs par an !

(1) Il en est qui ont vécu pendant plusieurs jours d'un morceau de pain et d'un peu de café.

(2) La dépense moyenne des *cadets* de l'école militaire de Paris est d'environ 8 fr. par semaine. J'ai su que deux *officières* envoyées en province ont trouvé moyen d'y vivre et de s'y bien porter avec 4 fr. par semaine pour chacune ; tant il est vrai que la santé n'est peut-être pas moins liée à la sobriété du régime qu'à l'activité d'un

D'où jaillit l'enthousiasme qui fait de telles choses? Serait-ce de l'enfer comme la fumée d'un volcan? Et si cet enthousiasme vient de Dieu présent dans les cœurs, pourquoi et comment s'éteindrait-il tout à coup? Et s'il est vrai qu'avec une foi maîtresse du cœur et de la volonté, on ait le droit de tout espérer et de tout tenter, vers quel avenir s'avance en bon ordre l'Armée du Salut sous ce drapeau qui déjà flotte sur tous les points du monde? Tandis qu'on hésite à se prononcer j'aime à voir dans le début de cette entreprise comme un berceau grandiose d'où pourrait bien sortir un géant.

Si l'avenir d'une association dépend de la force du lien social, on m'accordera sans peine que rien ne vaut la solidarité qui naît de l'esprit et des institutions militaires; des rapports

dévouement pur et d'une vie saintement réglée. Je déclare que ces sortes de sujets n'ont pas été touchés dans ma conversation avec la maréchale. J'ai été mis sur la trace de ces renseignements par des personnes absolument étrangères à l'œuvre. Je les ai vérifiés en bon lieu.

J'ai eu la douleur d'entendre parler d'*industrie* à propos du général Booth. Deux messieurs du boulevard disaient : c'est une industrie n'est-ce pas? Le père Booth y a fait sa fortune et sa fille continue son commerce. Pauvres cœurs hantés par le soupçon du trafic qui se mêle à tout. Or, des déclarations autorisées faites en Angleterre ont établi que le général n'a pas encore toud'obéissance et de camaraderie ; de la mission patriotique échue à l'élite armée ; du devoir de protéger la frontière et de porter sa vie suspendue à la pointe de son épée, de voler au secours les uns des autres, de braver tous les périls pour la patrie ; c'est un axiome de droit que là où flotte le drapeau français, fût-ce en terre ennemie, là est la France ; une fiction sublime étend le ciel de la patrie sur la tête de l'armée, et le sol natal s'avance sous les pieds des soldats aussi loin qu'ils vont porter les trois couleurs nationales.

Or si nous considérons qu'en matière religieuse et morale la patrie n'est pas sur la terre, quelle solidarité plus qu'humaine doit unir des hom-

ché un sol sur la caisse de l'Armée. On a vu qu'auprès de la situation des officiers, celle des autres messagers de l'Evangile, si modeste et si insuffisante pourtant est encore de l'abondance. Veillons sur nos paroles et sur notre plume de peur de devenir la cause indirecte des privations matérielles souffertes par des frères coupables seulement d'annoncer l'Evangile.

Et laissons le monopole du mépris aux fils légitimes de Loyola ou à ces fils bâtards qui sont les libre-penseurs d'aujourd'hui.

N. B. — Je viens d'apprendre que le général Booth s'est interdit par un acte dressé en forme authentique, pour lui et ses successeurs, de jamais toucher un sol sur les fonds de l'Armée du Salut.

mes enrôlés pour une guerre sainte, dans une phalange où l'obéissance est due en vertu d'un pacte scellé par la fraternité chrétienne, en vue de gagner du temps par la suppression des discussions oiseuses sur des points de forme et de détail, et de marcher plus droit et plus vivement vers le but.

Née de l'enthousiasme, l'Armée du Salut, par cette solidarité même, n'est-elle pas elle-même un foyer d'enthousiasme? Et à moins d'aller contre l'évidence, peut-on sérieusement penser que, rompant demain les rangs pour s'absorber dans le monde, elle ne laissera que le souvenir d'une entreprise éphémère et d'une troupe lâche mise en déroute? Mais réfléchissez qu'elle a 25 ans d'existence et que parmi les officiers de Paris plusieurs ont 6 ans de service : Si le corps qui compose aujourd'hui l'Armée venait à se dissoudre ils le reformeraient spontanément, et l'Armée renaîtrait comme les colonies qui fleurissent sur les ruines de la mère-patrie.

Quoi ! nous allons assister à la désagrégation de cette armée de jeunes hommes, de jeunes filles, dont l'action est sans cesse appuyée et encouragée même à distance par le progrès et par les applaudissements de leurs compagnons d'armes ! Quoi ! tandis que l'Evangile ne parle que de guerre, d'armes et d'armures, ceux qui se jettent au plus fort du péril sous le symbole étroit d'une armée avec son organisation puissante, seraient les seuls combattants dont les efforts trompés viendraient attester aux trop crédules chrétiens que, plus on est résolu de prendre le monde corps à corps, plus il échappe, plus il triomphe, plus on est forcé de s'avouer vaincu?

Trève de raisonnements qui vont à des conséquences non moins absurdes qu'indignes du Dieu de l'Evangile qui ouvre la victoire au prix d'un combat acharné.

Heureux ceux qui inventent une arme plus sûre, un mouvement plus rapide ou une force morale ! L'Armée du Salut procure à ses membres une force qui s'ajoute à celle de la foi. Incessamment visités par des chefs qui vont les ranimer, les stimuler, décider des changements de personne et de postes, de manière à adapter plus complètement l'aptitude à la tâche et l'activité au milieu, les soldats de l'Armée du Salut, plus facilement soustraits aux effets soporifiques de l'habitude, sentent le feu sacré brûler en eux d'une flamme toujours vive.

S'ils aiment le colonel, la maréchale, le général, faut-il le demander? L'armée est une famille, et quand le colonel Clibborn, un brave, je vous l'affirme, a épousé cette vaillante

Mlle Booth, cet événement de famille a été un bonheur pour tous, et ils ont fait éclater une joie qui a inspiré, dit-on, des réflexions et des allusions vertes désavouées au fond du cœur par tout homme en qui parle cette délicatesse naturelle qui défend d'effleurer même d'un sourire une femme quelconque, à plus forte raison une telle femme.

Considérez encore que ce système d'enrégimentation permet aux nouveaux évangélistes d'agir sur le monde, sans être du monde, de le traverser sans s'y mêler, — ce qui est une condition de persistance et de durée.

Considérez que l'association n'achète point sa vie au prix du sacrifice de telle ou telle faculté de l'individu. Elle échappe à l'accusation de mysticisme par l'importance qu'elle accorde à la volonté. Même ces rapports d'obéissance entre gens libres de se quitter d'un instant à l'autre fortifient la volonté, la retrempent et la *réalisent* dans l'individu avec une telle force qu'on ne sait ce qui est le plus énergique, du corps ou de chacun de ses membres. C'est même cette relation de l'individu avec l'association qui marque l'Armée d'un caractère distinctif, en fait une institution d'une nature très noble, et la revêt d'un sceau sur lequel ou peut lire le monogramme du Christ.

Le lien de l'association est donc libre, vivant, naturel, et il est impossible de voir pour quelle raison cet être collectif n'agirait pas conformément à sa destination.

Oui, nous sommes en présence d'un être collectif d'un nouveau genre, d'un corps qui ne dépend de personne et qui vit de sa vie propre.

La simplicité de l'organisation, jointe à la simplicité de l'enseignement et à la descendance directe qui les rattache à l'Evangile, les rend merveilleusement propres à universaliser leur action, à se rendre indépendants de toute limite, aussi bien morale que physique : frontière, gouvernement ou Église.

Ils passent par dessus, ils glissent au travers sans y toucher ; et jamais conquérants n'autorisèrent moins les alarmes et l'effroi que ces messagers du salut et de la paix, qui, ne faisant la guerre qu'au péché, n'élèvent ni dogme contre dogme ni Église contre Église, et vont en tous les lieux de la terre, selon leur devise : En avant ! — Quels murs renverse donc pour faire entendre sa voix bénie, l'Ange qui vole par le milieu du ciel, ou l'esprit qui va de continent en continent, et d'île en île, porté par l'air ou par les flots ? Quelle limite reçoit la puissance de Jésus-Christ ? De quel endroit de la terre, de quel point élevé de l'espace, de quelle région du ciel ou de l'enfer la croix ne peut-elle être vue? Jésus eut-il besoin des docteurs de la loi ou des prêtres pour marcher sur les eaux? Récriminera-t-on au nom des Églises : Mais c'est la gloire des Églises chrétiennes d'envoyer à l'autre bout du monde des missionnaires qui ne prêchent pas leurs Églises : ils prêchent que tout homme est perdu sans Jésus-Christ; parmi les sauvages nos missionnaires sont donc des soldats du salut.

Qui songe à renverser les Églises? Seulement ne perdons pas de vue que les premières Églises étaient moins des fondations que les postes avancés d'une invasion contre laquelle le monde ancien, menacé dans son existence, levait toutes ses troupes et armait tous ses supplices! Ne dites pas : il suffit des Églises. Car comment se fait-il qu'il n'y ait qu'une voix pour déplorer que le mouvement de conquête ait pris fin? Comment se fait-il que deux pasteurs ne se rencontrent pas sans regretter que nos divisions ecclésiastiques retardent les progrès de l'Évangile, stérilisent la prédication, favorisent le scepticisme qui rejette toutes les Églises avec ce qu'elles annoncent et qui traite le mensonge sans plus d'égard que la vérité?

Oui les Églises chrétiennes sont des positions

occupées, quelquefois assez mal gardées et mollement défendues. Même il arrive çà et là que les défenseurs, loin de nourrir l'esprit, je ne dis pas d'agression, mais d'hostilité, profitent d'une suspension d'armes pour se familiariser avec les assaillants, et trouveraient ridicule de tirer sérieusement l'épée contre ceux avec lesquels ils frayent du matin au soir sur un pied de bonne harmonie et de politesse qui exclut la guerre et la controverse.. S'il se forme un corps de volontaires qui viennent prendre l'offensive, n'y aura-t-il pas à craindre de voir les assaillants repoussés par les deux partis réunis? Il y a toujours un parti hostile aux idées de conquête. Les satisfaits bornent leur ambition à conserver. De là, le vocable de *conservateurs*, synonyme de *gens honorables ou de bourgeois enrichis* ou de *parvenus*, pour qui le mouvement c'est le trouble, le trouble, le désordre, le désordre le pire de tous les crimes. Faut-il faire la guerre? Oui et non. Il faut aller doucement, insensiblement, par les voies ordinaires. Mais il y a des gens en péril? du calme; s'ils meurent, nous aurons, demain entre nous une consultation, pour savoir ce qu'il aurait fallu faire pour les guérir. Il y a une faculté ecclésiastique de médecine avec ses docteurs, ses ordonnances, et, j'en ai peur, ses pharmaciens ? Guérir sans leur ministère, qui pourrait avoir ce front-là ?

Signalerai-je un avantage évident de la mission de l'Armée du Salut : savoir la force de l'action collective. Que de fois j'ai souhaité de voir instituer des conférences à deux, de manière que les orateurs se servant l'un à l'autre de témoins et de garants, il fût démontré pour les plus sceptiques que deux augures peuvent se regarder sans rire ! Cette action collective exerce sur les convertis les plus heureux effets. Exhorter à plusieurs, déposer comme témoins devant l'âme qui doute ; puis quand on a fait une recrue, la suivre, la visiter, veiller sur elle, prier avec elle, il y a là un précieux secours. Si pour le monde, cette caution qu'échangent entre eux les membres de l'Armée porte jusque dans les cœurs de ceux qui n'en veulent pas convenir, une démonstration de sincérité et de vie qui leur fait voir qu'on peut être sensé et chrétien, — d'un autre côté, cette sollicitude vigilante exercée sur les néo-chrétiens est l'une de ces forces de la charité, faute desquelles il peut arriver que le pécheur retourne à ses voies, découragé par le sentiment de son isolement, hanté par des tentations, des doutes, des fantômes, qui prennent dans la solitude morale une réalité douloureuse et comme un relief obsédant. Or, en général, nos habitudes sociales et les exigences d'une éducation distinguée ne permettent guère au ministre en titre que des allusions assez discrètes pour n'effaroucher point une décence de convention.

Et tel qui désire au fond du cœur d'être exhorté, pris par le bras, visité, assisté par des frères, reste livré à lui-même sans oser recourir au ministère religieux, au service fraternel que les hommes officiels n'osent pas non plus lui proposer. C'est ainsi qu'on finit par mettre en commun tout, excepté la seule chose nécessaire, la plus intéressante, la plus individuelle, la plus sociale, la seule qui se multiplie en raison des largesses qu'en savent faire ceux qui la possèdent, le trésor de tous et de chacun, la perle de grand prix.

Si donc un tel ministère est réclamé surtout par les plus humbles, par les plus rustiques, par les pauvres honteux de l'âme, auxquels on peut arracher la confidence de leur misère sans paraître indiscret, l'Armée du Salut voit s'ouvrir devant ses pas un champ d'activité assez vaste pour espérer de Dieu tout l'avenir nécessaire à l'accomplissement de sa mission!

On s'étonnera médiocrement que la naissance et l'accroissement rapide d'une association dont tous les membres sont liés par une étroite discipline et enrégimentés militairement avec un général à leur tête aient suggéré une comparaison accusatrice. On a évoqué le nom, l'image et les méfaits de la *Société de Jésus*, — de la *Société* comme on avait fini par l'appeler d'abord pour son honneur, ensuite pour son châtiment.

La rhétorique seule peut profiter de ce parallèle.

La Société de Jésus est sortie du cerveau romanesque oblitéré et ignorant de Don Inigo, seigneur de Loyola, qui se fit armer chevalier de la Vierge. L'Armée du Salut est née du désir d'évangéliser les pauvres, les plus méprisés de nos frères, et c'est une circonstance accidentelle qui a mis sur la voie de son organisation actuelle qui répond merveilleusement à son but.

Les jésuites prononcent un vœu particulier d'obéissance au Pape. Jésus est le Pape de l'Armée du Salut.

La *Société* ne se liait jamais envers le novice qui se lie par des vœux. Tant que le soldat est fidèle à son pacte l'Armée du Salut est fidèle au soldat.

La *Société* brise la volonté en imposant au néophyte une série d'épreuves et d'exercices distribués même par quart d'heure qui ne laissent respirer ni l'àme ni le corps. L'Armée développe la conscience et la liberté chrétienne.

La *Société*, pour devenir propriétaire des esclaves qu'elle forme, lit leurs lettres, écoute à leurs portes, les dépossède d'eux-mêmes, prend le cœur et ne laisse que la mécanique. L'espionnage s'exerce circulairement. L'espion est espionné par celui qu'il espionne. Et l'obéissance portant sur l'âme crée une seconde conscience qui sert de boussole à l'autre. L'Armée du Salut, en exigeant des soldats l'obéissance, fortifie la volonté, la conscience, l'individu autant que la société, la dignité de chacun et de tous.

La *Société* s'attache à courir les successions, à capter les héritages au profit de *l'Ordre*, comme on appelle ce désordre organisé. L'Armée du Salut subsiste au jour le jour, et si elle vit de contributions volontaires incessamment provoquées par elle, elle ne recueille de l'argent que pour le jeter aussitôt dans sa sainte entreprise et pour le dépenser en locations de salles, ou création de postes, en frais d'invasion et d'occupation.

Par le contraste entre leur vœu de pauvreté et leur richesse ; par leur art de régler au mieux de leurs intérêts les affections (et les comptes) de leurs affiliés ; par la direction d'intention qui

change une même chose en crime ou en vertu,
selon le point de vue sous lequel on la consi-
dère ; par la doctrine des opinions probables
qui permettait de préférer selon son intérêt,
les ténèbres à la lumière, ils ont réussi à enla-
cer le monde entier dans les replis du plus immense reptile dont les sinuosités aient épouvanté
le monde. L'Armée du Salut... mais ce jeu de
rhétorique n'a que trop duré. Voilà ce que vaut
l'accusation de Jésuitisme.

J'ignore si les deux Sociétés ont une force
égale ; mais à coup sûr elles ont un esprit contraire.

Le vrai nom de la Société c'est

L'anti-Réformation

Le vrai nom de l'Armée du Salut c'est

L'Anti-Jésuitisme

Mais ceux-ci, malgré des formes bizarres, ne
réalisent-ils pas les prophéties : *vos fils et vos
filles prophétiseront*? Le siècle réclame l'éman-
cipation des femmes ; les voilà les égales de
l'homme dans la guerre évangélique. On se
plaint de la tristesse sceptique des jeunes, et
voici des jeunes gens dont la foi brave le ridicule et déborde joyeusement.

Qu'attendiez-vous de plus?

La France, dit-on, répugne à ces formes religieuses. En est-on bien sûr?— Est-on bien sûr que ce qu'il y a de mieux compris en France ce ne soit pas la langue militaire et les choses militaires, et que tel qui n'aura pas saisi le sens de l'Evangile, s'il doit rester passif, ne deviendra pas un disciple s'il se sent appelé à combattre, à vaincre, à faire des conquêtes. Faut-il à la France une religion triste? demande spirituellement la maréchale Booth.

Je qualifie la question de spirituelle, parce qu'elle dispense de la réponse.

Pour conclure, la constitution de l'armée, les services auxquels elle répond, sa méthode d'opération, sa doctrine, l'enthousiasme qu'elle respire et qu'elle inspire, les éléments dont elle se compose, la jeunesse de ses officiers, la concurrence des sexes, l'universalité de son action qui tient à son unité disciplinaire et à la simplicité de sa théologie, l'heure de sa naissance, tous ces traits donnent l'explication des progrès accomplis et la clef des progrès futurs; tout dicte en sa faveur le plus heureux et le plus glorieux pronostic! Nous espérons en elle puisqu'elle espère en Dieu.

Comment se fera le progrès de l'Evangile dans l'avenir? Sera-ce par l'effet d'une influence progressive, générale, qui fondra graduellement les résistances et délogera sans désordre les adversaires convaincus ou vaincus. Quelle erreur même de poser la question !

La lutte, la lutte ardente, inexorable, telle est la perspective. Le feu est allumé sur la terre ; il peut couver sous la cendre ; tout à coup un volcan éclate au milieu d'une ville ou d'une nation. Heureux ceux qui procurent la paix ; mais comment la procurent-ils ? par la victoire, par la guerre au prix de leur sang : le sang de leur âme ou le sang de leur corps. Dès lors, il y a deux camps ; deux partis qui cherchent à s'entre-détruire ; le parti de Dieu visant le péché, l'autre parti visant les hommes de Dieu. Il est donc nécessaire qu'une séparation se fasse ; ne nous plaignons pas de voir surgir un corps qui en est le symbole.

Ne faisons rien pour nier l'enthousiasme de ceux qui ont cru : Dieu justifia Abraham pour sa foi.

Encourageons-les plutôt. Disons-leur : « *En avant !* selon votre belle devise ; lâche qui regarde en arrière ! Vous êtes un corps franc dans la grande armée du salut qui a traversé la terre ; plusieurs de ses drapeaux flottent depuis longtemps dans la gloire céleste. Les anges les ont pris des mains mourantes de ceux qui furent massacrés pour les avoir portés. Aujourd'hui c'est par le mépris qu'on tue : Armez-vous de foi et de joie ; prophétisez, jeunes fils et jeunes filles ; prenez dans vos mains la croix, et vous écraserez la tête du serpent ! »

VIII

Quelle attitude prendre vis-à-vis de jeunes gens et de jeunes filles qui prêchent avec enthousiasme l'Evangile du salut, la nécessité d'une conversion, l'amour du Sauveur, les rigueurs du jugement dernier, les peines éternelles et le sacrifice de cette vie ou de ses faux attraits à la vie d'en-haut ?

Si je pose la question au monde, et particulièrement à ceux qui, s'étant arrangés de manière à vivre loin des Églises organisées, hors de la portée de la voix des prédicateurs, comme ces tribus qui reculent dans les forêts et dans les déserts à mesure que la civilisation avance, comptaient bien n'être pas dérangés et vivre à leur guise au milieu de ces *solitudes de la foule* où ils s'égarent au gré de leurs caprices et de leurs passions. Ceux-là répondront par des invectives ; ils diront à l'Armée du Salut : *Qui es-tu, toi qui viens nous troubler ?* Colère, mépris, injures, voilà leur réponse. Parmi eux, les gens bien élevés, donnant à leur dédain la forme de la commisération, n'auront pas assez de pitié pour l'imbécillité de ces pauvres enfants ! Encore faudra-t-il leur savoir gré de ne pas mettre au rang d'un commerce ou d'une industrie la sainte entreprise des salutistes : bien que la fureur de spéculation et de réclame qui possède notre siècle, comme les esprits malins possédaient les démoniaques, n'ait rien laissé d'intact, et autorise, hélas ! de la part de ceux qui se sentent entourés de pièges toutes les craintes et toutes les suppositions. S'ils sont mal élevés, ou si le rang qu'ils occupent dans la société ne les gène pas, en leur commandant la politesse, la réserve et la circonspection, alors ils prendront une attitude agressive et, conjurés d'instinct contre l'évangélisation audacieuse des jeunes missionnaires, ils se livreront en bandes aux actes les plus répréhensibles, aux injures directes, aux troubles prémédités, aux coups même, et aux attentats contre les personnes et contre la liberté de réunion et de parole. Mais la pensée secrète ou avouée des gens comme il faut et des autres sera d'imposer silence à ces voix importunes et d'interdire aux seuls prédicateurs de l'Armée du Salut, l'exercice d'une liberté laissée à tous

les commerces, à toutes les industries, à ces
odieux rendez-vous dont le tumulte insulte à
la nuit, à ces lieux de divertissements crapu-
leux qui déshonorent les boulevards extérieurs,
aux saltimbanques, aux acrobates, aux faiseurs
de grimaces, aux clowns de tous les étages,
aux chanteurs de chansons obscènes ou équivoques, à ces concerts où personne ne s'étonne
de voir et d'entendre des femmes outrager
leur sexe par des chants, des allusions, des
gestes, des sourires indécents, qu'on ne peut
applaudir sans applaudir en même temps au
mépris qu'elles professent pour elles-mêmes et
pour ceux dont elles briguent l'approbation,
par des moyens qui devraient les faire rougir
tous ensemble !

Liberté pour la débauche, pour l'impiété,
pour le blasphème, pour tout ce qui efface
la génération nouvelle, l'énerve et contribue à
tarir les sources de sa force et de sa vie ! Mais
guerre à ces jeunes gens qui osent indiscrète-
ment rappeler les jeunes gens au respect d'eux-
mêmes, les attirer vers un idéal entrevu peut-
être, mais oublié, les adjurer de rompre avec ce
qui les corrompt, invoquer la voix intérieure
qui les condamne, les prendre eux-mêmes à
témoins de leur propre abaissement, leur prê-
cher d'exemple et leur dire : enrôlez-vous sous

le drapeau de l'Évangile ; soyez soldats de Christ ; combattez le bon combat. Voilà ceux qu'il faut condamner au silence ; voilà ceux qu'il faut disperser ; voilà les ennemis. Insensés ! Ils sont ennemis sans doute, mais de vos pires ennemis.

Telle est la vraie cause des troubles du quai Valmy et de la rue Auber.

J'ai voulu voir et savoir. J'ai ouvert une enquête. Il en résulte que les Salutistes, — témoins tous les gardiens de la paix qui les connaissent, et j'en ai interrogé plus de cinquante — non seulement n'injurient personne, mais reçoivent, sans les rendre, les injures et les coups. Je m'adresse ici aux pouvoirs publics, aux ministres, à M. le Préfet de police, à tous les fonctionnaires qui dépendent de lui, en même temps qu'à tous les citoyens honnêtes, à tous ceux qui sont à portée d'agir sur l'opinion et de l'éclairer, et je leur dis :

« Il y a à Paris des jeunes gens, presque des enfants, qui, à la voix d'une vaillante femme, sont accourus pour user de la liberté française en prêchant l'Évangile, en visitant les pauvres et les affligés, en parlant aux cœurs de celles auxquelles on ne s'adresse que pour satisfaire les plus grossiers penchants et au cœur desquelles on ne parle jamais. Ces jeunes soldats font partie d'une armée dont les officiers et soldats, répandus dans diverses parties du monde, ont reçu de plusieurs gouvernements, entr'autres celui d'Australie, des témoignages de satisfaction et même de fortes subventions pour l'œuvre de relèvement moral qu'ils poursuivent notamment auprès des pauvres et des prisonniers libérés. Leur vie est frugale et austère ; leur travail incessant, leur parole réconforte ; et l'enthousiasme qui est en eux est le plus sain et le plus sûr des antidotes contre le scepticisme et l'immoralité dont nous nous plaignons en chœur. On leur assure la jouissance de la liberté de réunion. Protège-t-on suffisamment leurs personnes ? Il faut interroger les faits.

D'abord dans le quartier Valmy, grâce à leur influence moralisante, à la contagion de leur foi, qui leur a gagné des adhérents, ces troubles, dont le scandale marquait au début chacune de leurs réunions sont devenus bien moins fréquents et voici plusieurs mois qu'ils peuvent prier, chanter, parler en paix.

Mais il ne faudrait pas en inférer qu'ils sont à l'abri des injures et des coups. Il y a là un certain ramassis de vagabonds appelé *bande noire* et ayant à leur tête un prussien dont je ferai connaître le nom à qui de droit, et qui est un homme à craindre.

L'invasion des réunions par cette bande apporte presque toujours dans les assemblées du quai Valmy des troubles incoërcibles (1). Ces mauvais sujets sont redoutables par la lâcheté avec laquelle ils lancent le *coup de tête*. L'homme se ramasse tout entier, et prenant son élan à l'improviste, il fond tête baissée sur son adversaire qui reçoit un choc épouvantable et des plus dangereux. L'autre jour, un de nos pasteurs a vu sur un trottoir un artilleur, attaqué de cette manière et projeté sur le pavé de la rue.

Eh bien ! après les séances, gardées ordinairement par deux agents de police, quand les jeunes officiers se retirent chez eux, entre minuit ou une heure du matin, ils sont souvent attaqués et maltraités. Ce qu'ils redoutent le plus est encore le *coup de tête*.

Le major T... en a reçu plusieurs, et chaque fois, m'a dit un témoin, il a été plié en deux comme si sa tête allait rejoindre ses talons. On souffre plusieurs jours après, et je ne sache pas de choc plus funeste au cœur et à la poitrine. Un véritable **assassinat** a été commis il y a trois ou quatre ans sur la personne d'un officier nommé Jeanmonod ; il est mort 8 jours après. On a invoqué un procès-verbal de médecins illustres

(1) Je suis sûr que M. Boulanger connaît ces gens-là. Ils sont *siens* de naissance.

attestant que la purulence des poumons ou de la région du cœur devait être attribuée à un état antérieur au coup. Il n'en est pas moins vrai que le coup a été la cause déterminante de la mort d'un homme qui avait toutes les apparences de la santé. Et M. le docteur A..., que j'ai tenu à consulter, m'a dit n'avoir pas sur ce point le moindre doute. Si un poitrinaire dont le trépas serait fixé au lendemain, reçoit aujourd'hui un coup de tête qui le fait mourir deux heures après, y a-t-il ou n'y a t-il pas assassinat ? Et si quelqu'un de la famille crie : *on a assassiné mon frère*, qui donc osera lui répondre : vous mentez ! On l'a dit à l'Armée du Salut, comme si elle était prédestinée à subir toutes les injustices.

Il y a trois mois environ, M. Chandon capitaine élève de l'école militaire de l'Armée du Salut, rue Auber, rentrant chez lui vers minuit, après la réunion, fut assailli par un de ces malfaiteurs qui l'avait suivi, et frappé d'un casse-tête ou coup-de-poing américain : il saignait et alla demander un homme d'escorte au poste de police. On lui répondit qu'on avait pas d'agents disponibles et qu'on aurait trop à faire s'il fallait reconduire toutes les personnes à leur domicile. Réponse un peu sommaire. Le blessé dut suivre des rues écartées et désertes pour regagner son gîte.

N'y a-t-il pas une protection spéciale à exercer sur ceux qui se font les apôtres de la charité, de la liberté et de la paix publiques et qui sont livrés sans défense aux agressions criminelles? Cette protection s'exerce en Angleterre ; et j'espère qu'on l'organisera chez nous, au moins d'une manière intermittente et au moyen d'agents secrets dont la présence, manifestée tout à coup, déjouera les tentatives du moment et fera naître pour l'avenir un salutaire effroi.

En dehors de la loi qui assure sa protection à tous les citoyens, c'est bien le moins qu'on puisse faire pour ceux qui, s'ils voyaient un gardien de la paix assailli, n'hésiteraient pas à voler à son secours, au moins d'une manière défensive.

Rue Auber, les troubles ont commencé les derniers jours du Congrès. Un jeune homme, prié de sortir de la salle où il mettait le désordre (1), leva sa canne sur les officiers de l'Armée du salut et fut désarmé par le major Jeanmonod, aidé d'un autre officier, qui reçut d'innombrables coups de poings. L'expulsé ameuta la foule et ne craignit pas de répandre le bruit qu'on avait exercé sur lui des brutalités, calomnie qui ne

(1) Un témoin a remis sa carte entre les mains de l'Armée, et il demeure rue La Rochefoucauld.

peut plus tromper personne. Une meute hurlante, favorisée par une connivence dont les gardiens de la paix ont la preuve, se répandait en vociférations et en menaces, envahissant l'impasse Sandrié et s'efforçant de couvrir, par le bruit des sifflets et des huées, la voix des évangélistes. Le lendemain jeudi 4 juillet, le tumulte croissant, 7 arrestations furent opérées. Du procès-verbal de police résulte la preuve que Mlles Paradon et Rioux, officières, ont été frappées. La bande noire du quai Valmy ne s'attaque pas aux femmes. M. Hollaz, capitaine a été criblé de coups de poing par un misérable dont on sait le nom et l'adresse.

Parmi les perturbateurs conduits au poste se trouvaient cinq employés du Printemps.

M. Jaluzot, auquel on a fait une visite, s'est montré courtois, libéral et ferme. Il a dû faire un exemple.

Cependant deux amis de l'Armée du Salut avaient cru devoir veiller avec quelques-uns des officiers jusqu'à ce que l'attroupement eût été dispersé.

Voici un extrait de la lettre qu'ils ont renoncé à adresser au *Temps*, sur les conseils du colonel Clibborn, qui voulait à tout prix calmer l'effervescence :

« A deux reprises des morceaux de bois ont

« été lancés sur ces jeunes gens groupés silen-
« cieusement dans le corridor de leur habita-
« tion ; l'un d'eux, M. Peyron, capitaine, blessé
« à la tête, n'a pas proféré un mot. Il saignait.
« Nous avons vu briller un revolver dans la
« main de l'un des agresseurs qui l'a remis à
« une malheureuse femme, bien digne d'être à
« ses côtés.

« C'était le vendredi :

« Le samedi, les salutistes ont fait à la paix
« la concession de ne pas ouvrir leur salle. Grâ-
« ce à une connivence évidente, 40 ou 50 mau-
« vais sujets ont pénétré dans le passage San-
« drié, et pendant une heure ont insulté ces jeu-
« nes gens inoffensifs. Un homme indigne leur
« a crié : « *Tas de Suisses ! fainéants, ne savez-*
« *vous pas que la mendicité est interdite ?* » Le
« complot était évident : il n'y avait pas de réu-
« nion. Deux fragments de bois ont encore été
« lancés sur ceux qui mettaient en pratique la
« parole évangélique : *Si l'on vous dit des in-*
« *jures n'en rendez point.* »

LOUIS BOURY, rue Castellane. (1)

SUMI, rue Suresnes.

(1) M. Picard, chef de bureau, a été l'objet de voies de
fait au moment où il allait entrer dans la salle des réunions.

Le jeudi est la date de deux scènes : Les violences qui amenèrent les sept arrestations dont j'ai parlé à la suite de voies de fait contre les jeunes gens de l'Armée ; et une autre scène qu'il vaut la peine de raconter. Quand les officiers de l'Armée virent qu'on avait dispersé les fauteurs de désordres, ils se dirigèrent en colonne, par la rue Lafayette, vers le quai Valmy, lorsque à la hauteur du square Montholon ils virent courir en avant pour les attendre au passage, deux bandes distinctes, tandis qu'une troisième bande se démasquait sur leurs derrières, en proférant des menaces de mort ; plusieurs misérables avaient le revolver au poing ; à ce moment survint un courageux passant, M. Pianelli, qui se précipite sur l'un d'eux en le menaçant de lui brûler la cervelle, et le remet à deux gardiens de la paix, qui le consignent au poste de la rue Rochechouart, je crois.

A-t-on poursuivi pour tapage nocturne les 7 personnes arrêtées ? A-t-on poursuivi tout au moins pour port d'armes prohibées la personne arrêtée par M. Pianelli ? On a dû le faire. Ces faits relèvent de l'action publique au premier chef. Les *soldats* frappés peuvent intenter une action civile ; ils ont toujours hésité, bien loin d'ébruiter des violences tout à la honte de ceux qui les commettent.

J'attire sur ces scènes graves l'attention de l'éminent Procureur de la République, en qui l'aménité ne fait aucun obstacle à la fermeté. Je ne doute pas non plus que M. le Préfet de police ne s'entende avec M. Goron, le chef de la sûreté, doué d'un si rare coup d'œil pour porter à l'heure et au lieu voulus des agents secrets dont l'intervention préviendrait peut-être à jamais le retour des brutales agressions du quai Valmy et de la rue Auber.

Il faut remercier M. le commissaire de police de la rue de Provence des ordres sévères qu'il a donnés à ses honorables agents par lesquels il est certainement éclairé sur l'attitude pacifique de ces officiers d'un nouveau genre, dont le courage consiste à braver le feu de l'injure.

Une lâcheté a été commise : On a écrit au directeur du théâtre une lettre provocatrice, qu'on a signée d'un nom supposé, en faisant suivre ce nom de cette mention : *capitaine de l'Armée du Salut*.

Et là-dessus, s'il faut en croire l'*Eclair*, M. le directeur du théâtre, sans plus ample informé et sans scrupule, aurait jeté l'outrage sur les jeunes officières de l'Armée du Salut, en déclarant que leur conduite ne valait même pas celle des danseuses : propos doublement triste, s'il a été tenu. Car les danseuses

en général ont assez de peines et de tristesses
au fond du cœur, elles sont en général assez
exploitées pour qu'on ne vienne pas aggraver
leur situation morale en les présentant pour des
types d'une conduite déréglée ; elles-mêmes
qui sont considérées comme des sœurs dignes
d'affection par les femmes de l'Armée du Salut
seraient sans doute les premières à se plaindre
qu'on se servît d'elles pour insulter celles qui
les aiment ; j'en appelle à leur cœur si leurs
yeux tombent sur ces lignes. Ensuite, c'est plus
qu'une légèreté, c'est une mauvaise action de
calomnier sans preuve des femmes vouées au
service de l'Évangile, surtout quand on
exploite un lieu de plaisir comme un théâtre.

On a demandé quelle conduite tenir vis-à-vis
de l'Armée du Salut. J'ai transmis la question
au monde. On peut entendre sa réponse. (1)

Je l'adresse aux chrétiens de l'Église protestante.

(1) Il est juste de dire que M. le directeur de l'Éden a
dû faire défense à son personnel de troubler les réunions
de l'Armée du Salut, car on ne voit plus ces pauvres gens
se mettre aux fenêtres d'en face, pousser des cris discor-
dants et seconder à leur manière les dispositions hostiles
de la foule. Ils avaient même pris un cor de chasse. Un
concierge des environs s'est permis des coups et des
injures, et un docteur qui passait a offert son témoignage
et remis sa carte.

Le monde n'a-t-il pas dicté leur réponse par *a contrario?* Si le monde insulte, s'il traite de menteurs, d'industriels, de gens de mauvaise vie les soldats du Salut, ferons-nous chorus avec le monde? Serons-nous de moitié dans ces avanies? Les indignes traitements dont sont l'objet des enfants de Dieu, ne les ressentirons-nous pas comme des blessures? Pour mon compte, j'aimerais mieux recevoir des coups que de voir insulter les serviteurs de Dieu et cette vaillante maréchale qui, jeune fille, se jeta dans la mêlée et dont bien des gens rappelés à la vie ont sujet de bénir le nom. Trève d'ironie. Il n'y a point ici de dissidence. Honorons, aimons, servons l'Église réformée; mais quand des apôtres de l'Évangile surgissent à côté d'elle, pourquoi se déclarerait-elle contre eux, qui ne se déclarent pas contre elle?

Il y a ici deux questions :

Une question de droit et de liberté.

Tous, nous protestons contre ce qui attente à la liberté et au droit.

Une question de sentiment et de piété.

Devons-nous fraterniser avec l'Armée du Salut?

Comment hésiterions-nous ? Procédant de l'Évangile, s'ils ne sont pas les fils de la Réforme, c'est qu'ils en sont les frères.

P. S. On me dira peut-être que j'ai plaidé. Alors, c'est en première instance.

TABLE DES MATIÈRES

Alençon. Imp. F. Guy.

32